精进思维

快速拓展思维格局的50个前导法则

介爱民◎著

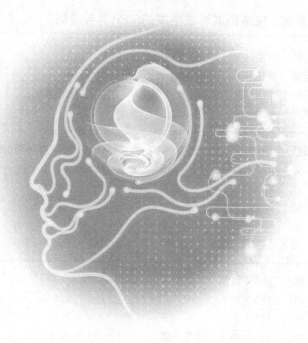

中国国际广播出版社

图书在版编目（CIP）数据

精进思维：快速拓展思维格局的50个前导法则 / 介
爱民著. -- 北京：中国国际广播出版社，2020.5

ISBN 978-7-5078-4617-1

Ⅰ.①精… Ⅱ.①介… Ⅲ.①思维方法 Ⅳ.①B80

中国版本图书馆CIP数据核字(2019)第284101号

精进思维：快速拓展思维格局的50个前导法则

著　　者	介爱民
责任编辑	林钰鑫
版式设计	华阅时代
责任校对	徐秀英

出版发行	中国国际广播出版社 [010-83139469　010-83139489（传真）]
社　　址	北京市西城区天宁寺前街2号北院A座一层
	邮编：100055
网　　址	www.chirp.com.cn
经　　销	新华书店
印　　刷	三河市宏顺兴印刷有限公司

开　　本	880×1230　　1/32
字　　数	150千字
印　　张	7
版　　次	2020年8月　北京第一版
印　　次	2020年8月　第一次印刷
定　　价	39.80元

前 言

· ★ ·

我常常在想，同样是人，为什么有些人大有作为，而有些人却碌碌一生？归结于命运吗？可命运到底是怎样的一个存在呢，或者说究竟是什么在左右着我们的命运呢？

是家庭背景吗？

是受教育程度吗？

是长相、体型吗？

也许从表面看来，这些东西对一个人很重要，但实际上，这些全都是假命题。不然，为什么刘备能从织席贩履做到一方雄主，只有初中文凭的华罗庚成为世界著名数学家，矮小的拿破仑缔造了拿破仑帝国，丑陋的林肯坐上了美国第16任总统的宝座……全世界有太多的优秀人士，曾经或正在用实际行动告诉我们：一流的思维，创造一流的人生。

有句经典名言说得好："播下一种思想，收获一种行为；播下一种行为，收获一种习惯；播下一种习惯，收获一种性格；播下一种性格，收获一种命运。"很多当初有着相同目标的人，仅仅因为思维不同，而选择了不同的道路、不同的奋斗方式，结果也就有了天壤之别。

有相邻的两座山，山间一条溪，山上各有一座庙，庙里各有一个和尚。五年来，这两个和尚每天都会在同一时间下山去溪边挑水。

突然有一天，左边山上的和尚没有来挑水，右边山上的和尚心想："他大概是睡过头了吧。"谁知第二天、第三天、一个星期，直到过了一个月，左边山上的和尚还是没有下山挑水。

右边山上的和尚终于坐不住了，他爬上了左边那座山。一进庙门，他大吃一惊：因为昔日的伙伴正在庙前悠哉地打太极拳，一点儿也不像一个月没喝水的样子。

"你已经一个月没有下山挑水了，难道你不用喝水吗？"右边山上的和尚好奇地问。

"哈哈哈，哪有一个月不用喝水的人！来来来，我带你去看。"左边山上的和尚边笑着边把右边山上的和尚引到后院的一口井前。

"这五年来，我每天做完功课后都会抽空挖这口井，即使有时很忙，能挖多少就算多少。如今终于让我挖出井水，我以后就不用再下山挑水，可以有更多时间练我喜欢的太极拳了。"

任何人做任何事情都是经由思维开始，从而激发出自身的潜能，爆发出强大的行动力，才能达成种种期望的结果。有什么样的思维，就会有什么样的命运，这就叫思维决定命运！从这种意义上来说，每个人都有可能过上成功富有、快乐和幸福的生活，只要你有正确的"思维"。

也许在过去教育系统的初步努力和口耳相传的影响下，一些简单的思维能力得到了普及，但你仍然需要一些更系统、更崭新的顶级思维，助力你成为这个时代下个体崛起的重要代表。不管是生活、工作、婚姻、情绪还是社交，方方面面，顶级思维都可以帮助我们解决、修正、提升、突破。

过去你是什么样的人已无关紧要，因为过去不再，重要的是现在你想成为什么样的人。从现在开始，无论在什么情况下都努力保持正确的思维模式，让整个身心都充满勇气和智能，也许，你就此便转入一种不一样的精彩人生。

目　录

第二章

成功靠脑子：一切源自正确的思维

第三章

做事有方法：瞎忙，其实是大脑在偷懒

第四章

情商是个好东西：解救被情绪绑架的理智

第五章

你不是一座孤岛：优化你的人际沟通方式

第六章

看不见硝烟的战场：真金白银砸出来的至理

第一章

意识大洗牌：思维的高度，决定人生的高度

人与人之间的差距何来？是会投胎？读书多？还是运气好？看似都有些道理，但最后你会发现，真正能拉开人与人之间差距的，只有思维。不同的思维方式，会让两个即使起点相同的人，也能过上完全不一样的人生。所以，真的不是你的努力没有回报，而是你的思维方式正在等待更新。

1 重新认识你自己：不完美才完美

爱自己原则——悦纳真实的自己

➤ 爱自己原则的涵义

爱自己，顾名思义，就是接受自己的一切并真心喜爱自己，这是一个人健康成熟的标志之一，也是一切利他的思想、语言和行为的开端。因为只有这样，你才能爱别人，才能爱世界，你才可能有真正的欢喜、安定和无畏，才可能有广阔的胸襟。

其实，自己也是众生中的一员，爱众生的同时为何把自己排除在外？事实上，一个连自己也不知道去爱的人，很可能也无法真正喜欢别人。自爱源自善意和尊重，缺乏自爱会直接影响我们与他人的关系。其表现主要有：缺乏信心、多疑、不信任他人。假如不爱自己，就没有能力爱别人。而且，这种"自爱"是对自己发自内心的爱，能够自爱，才可升华去爱别人，或者被人爱。这一点，每个人都不例外，每个人最亲密的朋友就是他自己。试想，如果作为朋友、爱人的你都不爱自己的话，那么你有什么理由期待你的朋友尊重你，你的伴侣还爱着你。

所以，请先好好认识自己，先跟自己做好朋友，自己感受到幸福和快乐，再谈爱其他众生。

➡ 你真的知道怎么爱自己吗？

也许你觉得这个原则毫无意义，我就是很爱自己啊。

但是，你真的知道怎么爱自己吗？

爱自己，不是在擦破的膝盖上贴个创可贴，却对着镜子中的脸自怨自艾；也不是对自己的取得成就沾沾自喜，一点点挫折却自暴自弃……真正的爱自己，爱的应该是全部的自己、真实的自己。不管外表如何——美丽，平凡，甚至是丑陋；不管能力如何——过人，平庸，还是低人一等；不管性格如何——被人喜欢的，不被人喜欢的；等等，这些都是你的一部分，你爱的便是所有这些构成的这样一个独特的你：我就是这样的一个人，我接受这样的自己，不带批判，没有是非对错。

曾经看过这样一个小故事：

有一天，小蜗牛看到只有自己身上背着又硬又厚的壳，就变得不开心起来。它问母亲："为什么其他的小朋友没有像我一样，背上有这个又硬又重又难看的壳呢？"

母亲解释道："这是因为我们的身体没有骨骼的支撑，只能爬，爬的速度又慢。这个壳是保护我们的！"

小蜗牛反问道："可是毛毛虫也没有骨头，爬得也不快啊！为什么它不用背这个又硬又重的壳呢？"

母亲笑着说："可是毛虫长大了会变成蝴蝶，天空会保护它啊！"

小蜗牛又问道："蚯蚓呢？它变不成蝴蝶，为什么也没有像我们一样的壳呢？"

母亲说："那是因为蚯蚓会钻到土里面，大地会保护它的！"

小蜗牛听完之后，不由得哭了起来，大声地说道："我们好可怜，天空不保护我们，大地也不保护我们。"

母亲劝慰着伤心的小蜗牛，柔声地说道："所以我们有壳啊！这个壳就是用来保护我们自己的。"

生活中有很多人像小蜗牛一样，只是一味地羡慕别人，而无视自己的价值。什么我太胖了，我太穷了，我太笨了，等等，这些统统都是他们自惭形秽的理由。这其实就是一种不爱自己的表现。而这种表现往往会让人从怀疑自己的能力到不能表现自己的能力，从怯于与人交往到孤独地自我封闭。本来经过努力可以达到的目标，也会认为"我不行"而放弃追求。他们看不到人生的光华和希望，领略不到生活的乐趣，也不敢去憧憬那美好的明天。

可是，当我们把目光转到那些看似完美的人身上时，便会有新的发现：上帝并不是对他们宠爱有加，让他们全都完美无瑕。事实上，任何人不可能在各方面都优秀，人们都或多或少在某方面存在一定的缺陷和不足。如果用你的理论去衡量的话，他们身上的种种缺陷也可怕得很。拿破仑的矮小，林肯的丑陋，小罗斯福的瘫痪，丘吉尔的臃肿，哪一条不更令人感到烦恼无比？

但人，是可以认识自己、把握自我的。自我悦纳的人，能够实事求是地看自己，也能正确理解和看待别人的两重性——不仅能认识到自己有缺点和毛病，同时更相信自己有能力和价值。他们不苛求完美，因为他们深知每个人的两重性是不易改变的。

当我们也能以这种自我认识、相互包容的思维意识付诸行动，就能从自身条件不足和不利环境的局限中解脱出来，不必藏拙，不怕露怯。而是集中精力去发掘自己的优势，或者增强自身的能力。当我们在不断地寻找自己、定位自己、调整自己的过程中，找到自己的优势时，也就找到了打开通向成功之门的钥匙。

➤ 缺点逆用思维——化弊为利

当然，很多时候，直面缺陷并不能让我们走向成功，但如果运用得当，你完全可以克服自己的不足之处，甚至还能把缺点变成优点，巧妙地展现出来。不过，要想让今天的缺点，变成明天的优点，并不是一件容易的事，因为人们更习惯于循着事物发展的正方向去思考问题，即对于缺点，我们常常先想到去掩饰而非利用。但是，如果我们可以掌握一种逆用思维方式，就可以化弊为利，找到更好的解决的方法。

缺点逆用思维的主旨就在于"缺点即优点"。它强调的是反过来考虑如何直接利用这些缺点，做到"变害为利"。也就是说，针对你本身的缺点，除了采用"改进"策略以外，更希望做到的是成本更为低廉的"直接利用"。你可以依循下面的步骤搜索身边的"缺点"，练习逆用：

第一：找到自己身上的弱点或缺陷。在这里，你可以采用智力激励法，也可进行广泛的调研、征求他人的意见等。

第二：将呈现在你面前的一个或数个缺点加以归类、整理。

第三：针对每一个缺点进行分析，寻求变废为宝、化弊为利的可能。这一步最关键的就是"逆"，要用逆向思维处理这些缺点。关于这一点，我们举一个生活中常见的例子：例如很多摄影者在拍集体照时总是先数"3、2、1"，可是尽管人们都尽量睁大了眼睛，可总会有一些人在数到1的时候坚持不住眨了眼。那么，运用逆向思维解决这一弱点，就是不长时间保持眼睛睁开，也就是闭上眼睛。也就是说，大家都闭上眼睛，喊"3、2、1"后，再一起睁眼，那么就不会有闭眼的情况出现了，这就是逆向思维的魔力。

总之，不论你自认为有多少缺点和不足，做了多少傻事、坏事或蠢事，从现在起，都停止对自己的挑剔和责备。这种健康积极的自爱心理和良好公允的自我评价，正是成功生活的最坚实的基础——它会影响并指导我们的行为，在学习、成长、应交能力、选择朋友、配偶、职业等方面。因此，我们必须学会自己爱自己，全面地认识自己，真诚地接纳自己。然后，你会发现，自己好像突然变得美丽自信起来，周围的一切也更加清新，从而信心满满地去创造人生，开拓成功。

彼得原理——适合自己的才是最好的

➤ "向上爬"的烦恼

彼得原理，是由美国管理学家劳伦斯·彼得在对组织中人员晋升的相关现象分析而归纳出来的一种结论："在一个等级制度中，每个职工总是趋向于晋升到他所不能胜任的地位。"

不可否认，每个组织都是由各种不同的职位、等级或阶层的排列所组成，每个人都隶属于其中的某个职位（等级或阶层）。由于在原有职位上工作成绩表现好（胜任），往往就会被提升到更高一级职位；其后，如果继续胜任则将进一步被提升，直至到达他所不能胜任的职位。这种现象在现实生活中无处不在：比如，一名称职的教授被提升为大学校长后，却无法胜任；一个优秀的运动员被提升为主管体育的官员，而无所作为。

彼得由此导出推论："每一个职位最终都将被一个不能胜任其工作的职工所占据，层级组织的工作任务多半是由尚未达到不胜任阶层的员工完成的。"这种现象，对任何一个组织来说，都是灾难。因为一旦相当部分人员被推到其不称职的级别，就会造成组织的人浮于事，效率低下，导致平庸者出人头地，发展停滞。而对个人来说，虽然我们每个人都期待着不停地升职，但不要将往上爬作为自己的唯一动力。与其在一个无法完全胜任的岗位上勉力支撑，无所适从，还不如找一个自己能游刃有余的岗位好好发挥自己的专长。

➡ 升职，你真的够格儿吗？

俗话说："人往高处走，水往低处流。"希望自己一路向上爬，这是人之常情，但有时它也会成为人性的弱点。好比：对于打火机来说，打火轻而易举，如果它满足于扮演着自己的角色，那么它一生都过得轻松而容易。对于杯子来说，盛水天经地义，如果它满足于端坐桌子的一角，那么它一生都过得沉稳自在。但是，杯子若是想不开，想替代打火机打火；打火机若是想不开，想扮演杯子盛水，就是它们人生噩梦的开始！

其实，世界上每一种工作，都有适合它的人，同样也有无法胜任它的人。抛弃本职工作，盲目地追求别人头上的光环，到头来很可能演化成一出悲剧。其实，每个人都有自己的专长，你只有找到适合自己的位置，才能最大限度的发挥自己的才能。

一个国王微服私访，遇到一个卖烧饼的老头儿。

国王一时兴起，问老头："一国之中谁是最幸福的人？"

老头儿回答说："当然是国王！他有百官差遣，平民供奉，想要什么就有什么，这还不是最幸福的吗？"国王没有回答，他想让这个老头儿亲自体验一下。待把他灌醉之后，国王便命人把他抬回宫中，并让王妃和宫中的人一同陪他演戏。

第二天，老头儿醒了，宫女便假装说："大王，你喝醉了，现在积下很多事情要等你处理。"于是老头儿被拥出临朝，大臣公卿们与之商讨议论，旁边还有史官记其所言所行。而老头儿呢，他一直懵懵懂懂地坐了一整天，不仅什么也不知道，还被弄得腰酸背痛，疲惫不堪。他记得自己明明是一个辛苦求食的卖烧饼老头儿，可为什么会在王宫里呢？若真是国王，那皮肤为什么又这样粗糙呢？他竟真分不清自己到底是谁了。

这样又过了几天，老头儿吃不好睡不香，竟然瘦了下来。这天晚上，王妃假装让歌妓们来取乐于他，又把他灌醉了。

第二天，老头儿酒醒后，感觉浑身酸痛，但他看见自己的破房、粗布衣服，却莫名有些高兴。

几天之后，国王再次来到他这里。老头儿对国王说："前几天我跟你说的话，实在是不对啊。我以为国王最幸福，谁知上次喝酒，我梦见自己当了国王，要审核百官，又有国史记对记错。大臣要来商量讨论国事，心里便总是忧心不安。弄得浑身都痛，好像被打了鞭子一样。哪有幸福可言！在梦里尚且如此，若是真的当了国王，还不更痛苦啊？"

这个故事告诉我们，人生的价值，并不是体现在财产的多少和地位的高低上。判断一个人人生价值的准则其实是个性。如果每个人都能按照自己的个性来生活的话，不管你是一个大人物，还是做一个小商贩，价值都是相同的。

拿破仑的一句"不想当将军的士兵不是好士兵！"固然成就了许多人，但同时它也误导了许多人。例如一个销售人员，本身学历虽然不高，但非常拼搏，加上口才了得，顾客网络广阔，因而个人销售表现好，多年来都是公司最佳销售员，也如愿爬上了主管职位，领导一整队销售人员。但实际上，他的领导及执行能力却不强，而下属又不认同他的做事方式及政策，公司也不满他未能提高整体销售业绩，因此他面对很大的压力，渐渐地信心受到打击，工作士气低落。更大的问题是，他发现自己无路可退，降级再担任原来的销售员职位，等于抹杀了自己以往的成就。去别的公司求职，自己的学历及近年表现又不出色。更糟的是，在经济不景气的情况下，公司计划裁员，自己变成了高危一族，惶恐终日，工作表现也就更加不济。

一个本来可以在低一级职位施展优秀才华的人，现在却不得不处在一个自己所不能胜任的但是级别较高的职位上，惶惶终日。这种状况对于个人和组织双方来说，无疑都没有好处。所以我们说，一个人最重要的就是要认清自己，客观的评价自己的能力，既不好高骛远，也不妄自菲薄，这才是真正发挥自己的作用，也才能真正地在工作中体味到快乐。

当然，这并不表示我们在达到一定的"彼得高地"后便停止不前。事实上，一个人的"彼得高地"也是可以随着自我的"推动"，即自我训练和进步等，走向更高的。只不过，你必须保证，自己的能力与职位的高低永远是匹配的。

➡ 如何认识自己，这是一个问题

认识自己，说起来容易，实际上却是一件非常难做到的事。我们往往对自己的才能、学识、成绩、贡献，以及自己在别人心目中的地位等，要么估计得过高，要么估计得过低。如果把自己估计过高，就会脱离现实，守着幻想度日，怨天尤人。结果小事不去做，大事做不来，一事无成。如果把自己估计过低，又会产生强烈的自卑感，导致自暴自弃。本来能很好完成的事，也不敢去试，最后只会抱怨终生。

在电视剧《北京女子图鉴》中，陈可给没有通过实习生考核的小新发了一封邮件，其中有这样一段话：

> 来到这个世界上，没有人应该为你做什么。拒绝长大，逃避责任，是你自己在放弃自己。你可以在我走近的一刹那关掉聊天工具，也可以在我要求你加班的时候，编造出各种五花八门的理由，去和小姐妹聚餐、KTV包夜，你甚至可以到处吐槽我的工作BUG，这些都可以。但是所有你糊弄的，你不重视的，你负能量处理的，不论多微小，都将作用在你的未来。
>
> 在北京，你绝对不会因为一分努力就能在国贸随便刷卡，也不可能因为两分的努力，就能体面生活在三环里。只有拿出十二分的努力，才有机会在这里过上理想的生活。
>
> 城市的每个夜晚，都有人在哭泣。未曾哭过长夜的人，不足以笑谈人生。昨天你流的汗，会换来财富；今天你吃的苦，会成为礼物。明天，唯有埋头苦干，才能昂首幸福。
>
> 所以小新，好好工作吧，这是所有并非天生公主的女孩，成为公主的最快捷也是最靠谱的方式。愿有一天，你能理解我的这封信，更能正视自己。向内认知，向外行走。

陈可的这封邮件，在每一个正在努力打拼的人看来，都应该是一次心灵的震撼。我们希望"向上爬"，希望自己的命运好转，就一定要先正确认识自己——既不要高估自己，也不会低估自己。根据自身的条件和实际的可能性，找到自己的长处，及时调整自己的方向，让自己的长处得以发挥，就会感到自己并不比别人笨，你有不及别人的地方，而别人也有不及你的地方。胜利的信念便会由此产生并不断得到增强，你就能够改变自己的命运。

正确的认识自己，它需要我们保持自我头脑的清醒，通过交往征求别人意见，依靠朋友，向他们了解对自己的看法，从中总结自己。把自己放在比较熟悉的人中间做比较，认识自己的实际水平及在群体中的地位，找到差距和努力方向。

而且，人每时每刻都在成长，人的自我认定也应该是随之改变的，而人生也会随着自我认定的改变而改变。如果你不满意自己的目前状况时，可以按下面几个步骤重新改造：

第一步，找到你心目中的人生榜样，为自己树立人生目标。你如果想真正拓展自己的自我认定和人生，那么由此刻开始你就得下定决心想要成为什么样的人。你应回到孩提时代的心态，对未来满怀热望地列出成功人生所必须具备的各种特质，并找到现实生活中的榜样。

第二步，列出你的行动方案，以便能够同这个新的人生角色相吻合。设想自己已经融入新的自我认定之中，并真正在人群中树立自己的全新形象。

第三步，你要每天提醒自己，不要让心中的目标淡化或者消失掉。这最后一步便是让你周围的人都知道你的这一新的自我认定，你要特别留意结交什么样的朋友，你的成功与你结交的朋友有很大的关系，要让你的新朋友强化而不是削弱你的自我认定。当然，更为重要的是要使你自己知道。你自己每天都要以这个新的自我认定来提醒、告诫、把握好自己。

除草原则——自省，高级动物的自觉

➡ 什么是除草原则？

除草原则，说的是人的杂念和妄想就像花园里的杂草。杂草不需要专门的照料和养分，它自己就能长得非常茂盛。如果任其自由发展，花园就会"杂草丛生"。所以一座好的花园，必须时常进行除草，所谓"时时勤拂拭"。相反，正见善念就像花园里的花朵，必须细心种植栽培，才能生长得更好。

尤其是身处这个竞争激烈、诱惑多多的现代社会，面对人生、事业、名利、情感等各种考验，如果让喧嚣的繁华遮住了双眼，纷乱的诱惑蒙蔽住耳膜，我们心中就会杂草丛生，此时若不能及时地做认真的自我审视与剖析，心灵的领地很快就会很快荒芜，遍及全身。

只有经常为自己的心灵打扫和除草，保持其纯净，经常为自己加油，让积极打败消极，让高尚打败鄙陋，让真诚打败虚伪，让宽容打败褊狭，让快乐打败忧郁，让勤奋打败懒惰，让坚强打败脆弱，让伟大打败猥琐……这样就会为正见善念腾出更多更大的空间，就能够使黯然的心变得亮堂，使杂乱的心变得清净，从而告别和远离烦恼和困惑。

这其实也就是我们常说的一种重要思维能力——自省。

➡ 自省是一种十分重要的心理过程

自省，即自我反省，就是通过自我意识来省察自己言行的过程，是一种能使自己快速成长和成熟的能力。

有一群年轻人，他们大学毕业后进入同一家外企工作，但是公司要求新员工必须从基层做起。同去的新人总是聚在一起抱怨："这种工作还要我们来做，我看他们就是在打发我们，我才不干呢！"只有一个年轻人没有把抱怨挂在嘴上，相反，他不仅每天认真地做好每一件工作，还经常帮助其他人干活。由于他态度端正，得到了方方面面的称赞。

更难能可贵的是，这位年轻人是个有心人，他有一本工作日记，每天都把自己一天的工作记下来，同时反省在这一天中有什么处理得不恰当的问题。如果有疑问，他就虚心地请教老员工，大家也都很乐意去帮助他。

经过半年的磨练，年轻人掌握了全部基层工作的要领。但他依然每天记录工作日记并反省自己。很快，他就被提拔为基层负责人；又过了半年，他就成了部门的经理。而与他一起进公司的其他员工，则还在基层抱怨着……

生活中有很多像这个年轻人一样的成功者，他们除了只有极个别人是天资极高的"神童"之外，并没有哪个成功者在智力上有什么出类拔萃之处。但是，他们都有一个共同之处，就是都非常勇于进行自省。

自省，能让人及时在错误的路上止步。及时地自我反省是构建目标行为快速反馈矫偏机制的必要基础。人非圣贤，孰能无过。在对新目标追寻的过程中，我们难免会犯这样或那样难以预料和难以觉察的错误。通过自省，就可以发现自身存在的不足，从而改进，就会不断进步，日臻完善。

➤ 将自省变成你的一种习惯

自省既不等同于自怨自艾，也不是求全责备，它是精神层面上的反省，是对灵魂的拷问。自省的前提是承认过失，既知其"失"，同时要知其所以"失"，进而在行动中纠其"失"。自省不是外在的强加，而应该像吃饭睡觉那样成为我们自觉的行为。

自省的时间：人在事务繁杂的时候很难反省，因为情绪会影响反省的效果。最好是到了夜深人静的时候，冷静地回想一下，查找一下自己的错误。

自省的地点：反省无地不可为之。不过，最好选择可以让你心境平静的空间——湖面平静才能映现你的倒影，心境平静才能映现你今天所做的一切。睡前在卧室自省是一个很好的选择，也可在林中、海滨，甚至咖啡屋中反省。

自省的方法：自省的方法可因人而异。有人写日记，有人则静坐冥想，在脑海里把过去的事放映出来检视一遍。不管你采用什么样的方式，只要真正有效就行。

自省的内容：自省的内容不一定全部是反面的，有时候正面的东西也需要加以总结巩固。正确的东西会使你变得更加聪慧，错误的东西会使你变得更加清醒。有人总结出"静夜六思"，对我们也许有一定启发：

1. 我是否完成了今天的目标？

2. 我今天的时间安排是否合理？

3. 我今天学到了什么？

4. 我今天哪方面做得不够好？

5. 我如何做得更好？

6. 我明天的目标是什么？

自省的注意事项：自省时切忌走到另一个极端，将自省意识等同于严苛的自责，对自己的失利求全责备，这只能助长自卑的心理，不仅于事无补，还会加深内心的苦痛。

总之，一个人在自己的生活经历中，在自己所处的社会境遇中，能否真正认识自我、肯定自我，如何塑造自我形象，如何把握自我发展，如何抉择积极或消极的自我意识，将在很大程度上影响或决定着一个人的前程与命运。换句话说，你可能渺小而平庸，也有可能美好而杰出，这在很大程度上都取决于你是否能够自省。坚持对自己每天所做的事进行反思，就能不断地调整自己的人生脚步，一步步走得踏实，一步步走向成功。

② 存在即合理：山不就我，我便去就山

吸引定律——好的坏的，都是自己选的

▶"心想事成"的秘密

茫茫宇宙，万物之间都是普遍联系的，这种普遍联系实际上可以用两个字来概括，那就是"吸引"。同样，当你的思想专注在某一领域的时候，跟这个领域相关的人、事、物就会特别吸引你的眼球。这就是吸引定律。

在日常生活中，我们可以看到很多吸引定律的事例。比如：一个人如果认为人生道路充满陷阱，出门怕摔倒，坐车怕交通事故，交朋友怕上当，那这个人所处的现实就是一个危机四伏的现实，稍有不慎，就真的会惹祸。又比如：一个人如果认为这个世界的人很多人都是讲义气的血性之人，那这个人就总会碰到跟他肝胆相照的朋友。

究其原因，因为人都是选择性地看世界，人只看得见和留意自己相信的事物，对于自己不相信的事物就不会留意，甚至视而不见。你的感觉、你的思想和你所面对的现实，他们之间从来都是一致的。所以人所处的现实是人的心念吸引而来的，人也被与自己心念一致的现实吸引过去。这种相互吸引无时无刻不在以一种人难以察觉的下意识的方式进行着。

很多人想不通：为什么我整天都在想我不要那样东西，那样东西却偏偏出现在我面前。大多数人之所以总是面对自己不尽如意的现实，实际上就是出于对吸引定律的无知。吸引定律才不管你认为某件事物是好是坏，也不管你是想要还是不想要它，它只是回应你的想法。你的心念是消极的或者丑恶的，那你所处的环境也是消极的或者丑恶的；你的心念是积极的或善良的，那你所处的环境也是积极的或者善良的。

所以，正确地使用你的意识，就可以将自己想要的东西吸引过来为你所用。控制自己的心念（思维），使之专注于有利自己的、积极的和善良的人、事、物上，那这个人就会把有利的、积极的和善良的人、事、物吸引到其生活中去，而有利的、积极的和善良的人、事、物也会把这个人吸引过去。

当然，这毕竟不是"魔法"，你肯定不能仅仅通过幻想就得到物质财富、实现个人理想。但在付出同等努力的情况下，如果你善于调控你的思维意识，那么实现你理想的未来的可能性就会增大。

➡️ 方法一：进行积极的转移

一般来说，能让我们自我否定的事情，通常都与自己的切身利益有很大关系，要很快将它遗忘常常是很困难的。所以，单靠消极的躲避并不可行，更有效的办法是进行积极的转移，即设法使自己的思绪转移到更有意义的方面去。

这是因为心理学上有一条基本的定理："不论一个人多么聪明，他的思想都不可能在同一时间去想一件以上的事情。"我们可以做一个实验来证明它："假如你现在正坐在椅子上，闭着眼睛，试着同时去想长城和明天的早上打算做什么事情。"你会发现你只能轮流地去想其中的一件事情，而不能同时去想这两件事。

我们的情感在头脑中的反应也是这样的，不能同时容纳两件事存在一个空间里。我们不可能既激动、热诚地想着做一些令人兴奋的事情，同时又为忧虑而拖累下来。在同一时间里，一种感觉会把另一种感觉从我们的头脑中赶出去。

有时候，我们会遇到生活中的不可避免的悲剧，这时候，我们一时很难摆脱悲痛的感觉。这时我们唯一的办法大概就是转移注意力，把我们的眼光转向别的有意义的事物，沉浸到里面去。比如：物理学家普朗克在研究量子理论的时候，妻子去世，两个女儿先后死于难产，儿子又不幸死于战争。普朗克不愿在怨悔中度过，便用加倍努力工作来转移自己内心巨大的悲痛。情绪的转换不但使他减少了痛苦，还促使他发现了基本量子，获得诺贝尔物理学奖。

因此，每当一个使你感到沮丧或者消极的念头潜入你的思维时，你应该马上提醒自己将关注点转移到使你感觉良好或者充满能量的事情上去。只有这样，你才能做正确的选择，获得正确的行动指引和动力。

➡ 方法二：向自己提好的问题

向自己提出好的问题，也是改变关注点最有效的方法之一。有什么样的问题就会有什么样的答案，唯有能提出好问题，才能得到好的答案。比如说，如果你一直不断地提出像"我为什么会这么沮丧？"或"为什么别人不喜欢我？"这类问题时，你的大脑会自动搜索信息，最终它会告诉你这样的答案："因为我天生是一个悲观的人""因为我很笨"等，使你一直摆脱不了这种无奈的状态。若是你能改问："我怎样才能摆脱沮丧的状态，让自己快乐起来且更受人欢迎？"你的大脑就会告诉你使自己振奋的方法。

因果定律——你得到的都是你该得到的

▶ 人类命运的"铁律"

因果定律是由苏格拉底提出来的，被认为是人类命运的"铁律"，又可称为因果法则。

因果定律认为，有因才有果，每一个结果的产生都有一个特定的原因或者多个原因。换句话说，当你看到任何现象的时候，你不用觉得不可理解或者奇怪，因为任何事情的发生都必有其原因。你今天的现状是你过去种下的"因"导致的结果。

因果定律以最朴素的形式告诉我们，人的思维、语言和行为都是"因"，都会产生相应的"果"。也就是说，现实生活中，商业上或个人生活中的成功或失败都不是偶然的，两者都可以用因果关系来解释。如果"因"是好的，那么"果"也是好的；如果"因"是坏的，那么"果"也是坏的。假如生活里有自己想得到的结果，你只需追溯前人，看一看哪些人没有得到这个结果，再查一查获得这个结果的人是怎么做的，然后做与他或她同样的事情。假如你做了其他成功人士所做的同样的事情，最终你将获得和他们一样的结果。这不是奇迹，而是一个规律。

▶ 真正的聪明人都是因果论者

生活中，我们常常会听到有人抱怨自己怀才不遇，看到有人抒写自己时运不济，生不逢时。他们总感觉自己在事业上或个人生活上不成功，不是因为能力太差，也不是因为努力不够，而只是因为上天没有给予自己成功的好运气。运气，似乎在很大程度上已经被这些人归纳为失败或者成功的重要因素之一。

不可否认，有时候成功需要运气，不过，这始终只是一个可遇而不可求的因素，因果定律才是宇宙最根本定律。也就是说，任何人的成功或失败都不是偶然的，两者都有因果关系可以解释。对于成功的人来说，他的"因"（思想、语言和行为）是好的，那么"果"自然也是好的；而许许多多天赋很高的人，则是因为不按照"因果"的思维行事，妄想撞撞运气而获得成功，最终使得自己穷困潦倒。

下面这个故事说的就是这么一回事。

五年前，有两个来自农村的人，准备外出打工。一个打算去上海，一个去决定去北京。

可是就在候车厅等车的时候，他们各自又都改变了主意，因为他们同时听到邻座的人议论说：上海人精明，外地人问路都收费。北京人质朴，见了吃不上饭的人，不仅给馒头，还送旧衣服。于是，那个想去上海的人想：还是北京好，挣不到钱也饿不死。而那个打算去北京的人想：还是上海好，给人带路都能挣钱，还有什么不能挣钱的？

打定主意，两个人巧合的又在退票处相遇了。原来要去北京的得到了上海的票，去上海的得到了北京的票。

去了北京的那个人，发现北京果然好。因为他初到北京的一个月，什么都没干，竟然没有饿着。不仅银行大厅里的太空水可以白喝，而且大商场里欢迎品尝的点心也可以白吃。

而去上海的那个人，也发现上海果然是一个可以让人发财的城市。因为他只要想点办法，再花点力气，干什么都可以赚钱——带路可以赚钱，开厕所可以赚钱，甚至弄盆凉水让人洗脸都可以赚钱！而在常年的走街串巷中，他也有了一个新的发现：一些商店楼面虽然亮丽而招牌却比较黑，一打听才知道是清洗公司只负责洗楼不负责洗招牌的结果。他立即抓住这一个空当，买了人字梯、水桶和抹布，办起一个小型的清洗公司，专门负责擦洗招牌。如今他的公司已有150多个员工，业务也由上海发展到杭州和南京。而这次，他又打算去北京考察清洗市场了。

可就在北京车站，一个捡破烂的人把头伸进软卧车厢，向他要一只空啤酒瓶。他递瓶时，两个人都愣住了。因为他们同时发现：对方就是五年前和自己在车站巧遇的人！

这样的结果，如果你还用"运气"来解释的话，就未免有些太牵强了。一个是利用当地的特点，赚取合理的钱财，由此而彻底改变了自己的命运。而另外一个呢？很明显，他贪图消极的安身立命，而忽略了积极进取的精神。当然捡破烂也是一种谋生的方法，可是两相对比起来，这个差别实在是太大了。

其实，能把成功看成是命运安排和机缘巧合的人，要么出于谦卑，因为他已经成功；要么就是出于借口，因为他什么都不想做却渴望成功。现实生活中，很多人不相信自己，却相信捉摸不定的运气，就是害怕自己一旦因此而失败了，就找不到借口来推脱责任，于是将一切归咎于命运。但你越是一味地相信运气会从天而降，那么，就越会不断地拒绝身边的各种机会，不愿接受各种磨炼和考验，最后当然没有人愿意再给你任何机会。

事实上，运气，或者更准确地说，是机遇，也是因果定律下的产物。好运，是你用心付出、努力前进所灌溉出来的果实；坏运，是你努力不够、好高骛远的结局。美国文学家爱默生就曾说过："只有傻子才会坐以待毙相信命运。相信'命中注定'的人是极其肤浅的，他们总是认为伟大人物所获得的名声都是碰巧而已，只是那个时刻对他有利，而在其他的时候，幸运之神可能就不会光顾他了。坚强的人相信因果，所有成功的人都实际上是因果论者。他们相信做任何事都不能凭借运气，而只能凭借精神，自始至终都是坚强的意志和永不放弃的精神在推动他们的进步，从而使他们在经历无数风雨后，依然获得了成功。"

天上掉馅饼的美事也许只有童话小说里才有吧，对于现实生活中的我们来说，信因果，你才能为自己争取到更多的"好运气"。

➡ 所有的无能为力，皆因不曾真正努力

也许会有许多人提出疑问："为什么我这么努力，还是得不到我想要的?"

可是，你的确非常努力吗?

受苦 ≠ 努力

你也许会用一大篇的生活苦难史来为自己的"努力"正名。可惜，"受苦"不是"努力"的同义词，也结不出"收获"的果实。举例来说，一个人决定从北京去大庆考察几个商场，临行前一晚和朋友在外面玩得比较尽兴，回到家时间已经比较晚了，担心睡觉睡过头会错过航班，就直接在沙发上靠了一晚。由于他是第一次去，并不知道十一月份的哈尔滨已经很冷了，因此衣服拿得不够，下了飞机冻得头疼，又因为没有提前订票，到了哈尔滨之后只买到了去大庆的站票。一晚上没睡好，冻得头晕眼花，又在绿皮火车上站了两个多小时，在抵达大庆的那一瞬间，这个人觉得自己实在太不容易了。

你是不是也觉得他为了生意已经很"努力"了? 可是，你仔细想想，这些所谓的"努力"对他最终把生意做好，有半毛钱的关系吗? 而且，如果他前一天晚上能早点上床睡觉，多准备点衣服，提前在网上把火车票订好，完全可以舒舒服服地达到同样的目的。所以，很多时候，你只是让自己遭受了一些痛苦，并误以

为那就是努力。

忙碌 ≠ 努力

"努力"本身确实是需要支付时间成本的，但不是跟时间打持久战。

在下面这些场景中，相信你也看到过或者看到了自己的身影：读中学时，不爱上晚自习的时候，就戴着耳机低着头，假装在看书学习复习功课。自习结束回到家里，在父母爱的夜宵后，回到房间，一边看着课本，一边满脑子胡思乱想；读大学时，考试之前，自习室都是黑压压的一群人，挤得满满当当。仔细一看，有人面前一边摆着英语单词书，一边摆着漫画书；有人一进自习室就开始趴着睡觉，几个月趴下来，新书也被口水浸成了旧书；有人倒是从早到晚都低着头背单词看试卷。然而，看似岿然不动的身影，看似眉头紧锁的脸庞下，看进去了多少，脑子里又记得住多少？

看起来每日起得比鸡早，睡得比狗晚，但这样能说自己很努力吗？这哪里是努力，根本就是打着"努力"的口号来一本正经地浪费时间，最后失败了，好像还不是自己的错，而是时光虚度了自己。

实际上，所有的无能为力，大多是因为你不曾真正努力。

适者生存法则——唯有变化才是永恒不变的

➡ 丛林生存之道

在生物进化过程中，只有那些最适合于周围环境的生物才能生存下来，其他的都被淘汰了。这就是"优胜劣汰，适者生存"的法则，是生物学家达尔文经过多年的苦心钻研得出来的重大研究成果，是19世纪自然科学的三大发现之一。

这在当时唯心主义和形而上学占统治的时期不可思议的观

点，而今已是自然界普遍认同的法则。据说小老鹰长到一定程度以后，它们的父母会选择一天让那些小老鹰在悬崖峭壁上一字排开，然后把他们一个个的推下悬崖。会飞的适者生存，不会飞的物竞天择，纵然摔向谷底粉身碎骨，威严的老鹰父母却不会有一丝一毫的动摇。虽然听起来有些残酷，但生物界就是这样一代代生存繁衍下来的。

不仅如此，达尔文的"适者生存"进化理论，已经广泛存在于我们人类生活、经济的各个领域中，被引入来解释各种社会现象，大到国家间、政权间的竞争，小到企业间、人与人之间的竞争，都要遵循这一生存法则。不管是我们的思维意识、理想追求，还是精神状况，甚至是与他人的关系，都要跟上这个瞬息万变的社会节奏。这个世界并不会因你的麻木固守而改变生存法则。你必须学会适应，适应你所处的环境，适应你所面对的压力，适应你所面对的竞争，适应他人的风言风语，适应领导的批评。否则，你只有被淘汰的下场。

➡ 随时问问自己：我变了吗？

随着时间的流逝，世界必然会发生变化。若说世界上有没有什么是一成不变的。有，只有一条，那就是——变化，唯有变化才是永恒不变的。所以，如果你的思维僵化，死抱着既有的套路不放，那你就一定会成为这个时代的牺牲品。

有人做过一个有趣的实验：

把六只蜜蜂和同样多只苍蝇装进一个玻璃瓶中，然后将瓶子平放，让瓶底朝着窗户，会发生什么情况？结果，蜜蜂不停地想在瓶底上找到出口，一直到它们力竭倒毙或饿死；而苍蝇则会在不到两分钟之内，穿过另一端的瓶颈逃逸一空。

为什么会这样呢？

这其实就是变化与固守的区别。蜜蜂，由于一直以来对光亮的喜爱和坚持，才走上了灭亡之路。苍蝇，则只顾想法儿逃命，四下乱飞，结果误打误撞地碰上了"好运气"，最终发现那个正中下怀的出口，并因此获得自由和新生。

从这个实验我们可以想到，我们的生活环境可能会突然从正常状态变得不可预期，不可想象，不可理解，随时会撞上无法理喻的"玻璃之墙"，怎么办？只有努力改变！有改变才会有创新，有创新才容易成功。墨守成规而不思改变，到最后一定会失败。

你知道水是如何行走的吗？河流行经之地总有各种的阻隔，高山、峻岭、沟壑、峭壁，但是水到了它们跟前，并不是一味地一头冲过去，而是很快调整方向，避开一道道障碍，重新开创一条路。正因为此，它最终抵达了遥远的大海，也缔造了蜿蜒曲折、百转迂回的自然美。何不学学水的智慧？一旦得知或者求证你的目标已经不可能成为现实的时候，就要学会换条新路，这样，才能不断打造自己适应新环境的能力，才能与时俱进，取得成功。

有时候，经验或许是我们的宝贵财富，但是，经验同时也会限制我们的头脑，使我们看不到新东西，创造不出新方法。巨鹿之战中的项羽和井陉之战的韩信都是置之死地而后生的成功例子，马谡被诸葛亮派去镇守军事重地街亭，也学置之死地，结果就真死了。可以说，成也兵书，败也兵书，关键是灵活变通。

实际上，之所以有的人能够青出于蓝，胜于蓝，长江后浪推前浪，原因就是他们在新的关系中发展和变化。在新的环境中，变化者自身就会成为无可替代的优势。所以，面对现在竞争激烈的社会，老是想着以前怎么样是行不通的，要多看看现在，多问问自己：我变了吗？

➡ 不断学习，别让大脑变"旧"

"适者生存"，即使你懂得这个道理，却不一定知道如何让它在你身上发生作用，因为——你的大脑"旧"了。

我们都知道，车子、房子，甚至我们的容貌，一切事物随着时光的流逝都会不断折旧，但是却常常忽略了这样一个事实，即我们赖以生存的知识、技能也一样会折旧。如果你不愿意继续学习，你的思维就会僵化，缺乏活力，那么终究有一天会被社会所淘汰。

生命如河流，每天不断地自我改造与前进，才是生命力的源泉。我们每个人，都必须始终保持学习的热情，在走出校门后继续学习，终身学习。

每天腾出10分钟读书

现实生活中，很多人说自己是没时间读书的人，其实是为自己找借口。因为不论你工作多忙，在工作之余或睡觉前，你完全可以腾出10分钟读书。你可以把时光浪费在闲聊中，在无限空虚的感叹中，为什么不能整理自己的情绪读一下书？

还有很多人会觉得利用闲暇的时间来读书会牺牲自己的其他时间，或者影响工作。这样的想法也是错的。读书的作用之大，对于人的一生来说，太重要了。生活竞争日趋剧烈，生活情形日益复杂，如果你没有学识，你就有可能被这个社会淘汰出局。耶鲁大学的校长海特莱就曾经说过："各界的人，如商业界或产业界中的人，都曾告诉我：他们最需要、最欢迎的大学生，就是那些有选择书本的能力及善用书本的人。"

当然，也许你还会这样想，把时间放在读书上，岂不是浪费了做大事的时间？其实不然，这里说的是叫你每天腾出10分钟读书，不是叫你整天读书。10分钟虽少，但可以集腋成裘，日积月累，方能充实你的知识宝库，渐渐地推广你的知识地平线。将一分一秒的闲暇时间，换来种种宝贵的知识。知识可以给予你能力，使你得以上进，这种机会难道你忍心放弃吗？

参与学以致用的活动

古人云："纸上得来终觉浅，绝知此事要躬行。""学了知识不运用，如同耕地不播种。"有了知识，并不等于有了与之相应的能力，运用与知识之间还有一个转化过程，即学以致用的过程。如果你有很多的知识却不知如何应用，那么你拥有的知识就只是死的知识。死的知识不能解决实际问题。

因此，你在学习知识时，不但要让自己成为知识的仓库，还要让自己成为知识的熔炉，把所学知识在熔炉里消化吸收。你应结合所学的知识，参与学以致用的活动，提高自己运用知识和活化知识的能力，使你的学习过程转变为提高能力、增长见识、创造价值的过程。曾经有一个科技人员，经过几年、十几年的科学攻关，终于获得了某项技术突破，等到成功之后，去申报专利，才发现这项成果是人家早已研究出来的。在这个信息爆炸的社会，闭门造车的结果往往是浪费时间，浪费金钱，浪费人力。

可见，每个人不仅应该苦读与爱好、兴趣、职业有关的"有字之书"，同时还应该领悟生活中的"无字之书"。通过阅读"有字之书"，你可以学习前人积累的知识、前人学以致用的经验，并从中加以借鉴，避免走叉道、走弯路；通过读"无字之书"，你可以了解现实，认识世界，并从"创造历史"的人那里学到书本上没有的知识。当你把两者的关系调整到黄金位置，使知识与能力能够相得益彰、相互促进时，一定可以发挥出巨大的潜力。

3 推倒旧藩篱：真正把人限制住的，只有自己

安慰剂与反安慰剂效应——积极自我打败消极自我

➡ 奇妙的安慰剂与反安慰剂效应

安慰剂，是指不含任何药理成分的制剂或剂型，外形和真药很像，实际成分不过是蒸馏水、葡萄糖或淀粉之类。1955年，美国科学家亨利·K.比彻对15种安慰剂做了临床试验，他的结论是：在一般情况下，35%的病人在使用安慰剂后病情能得到有效改善。这种病人虽然获得无效的治疗，但却"预料"或"相信"治疗有效，而让病患症状得到舒缓的现象，就是所谓的安慰剂效应。

专家分析，安慰剂之所以有效，是因为它能够稳定病人的情绪，给病人积极的心理暗示，并通过精神影响肉体，从而发挥治疗作用。

一个性质完全相反的效应亦同时存在——反安慰剂效应。病人不相信治疗有效，可能会令病情恶化。这是由于接受药物的病人对于药物的效力抱有负面的态度，因而抵消了安慰剂效应，出现了反安慰剂效应。这个效应并不是由所服用的药物引起的，而是基于病人心理上对康复的无望。

安慰剂效应和反安慰剂效应，其实就是我们所熟悉的自我暗示。这是人类独有的心理活动，它是人的心理活动中的意识思

想的发生部分与潜意识的行动部分之间的沟通媒介。它是一种启示、提醒和指令，它会告诉你注意什么、追求什么、致力于什么和怎样行动，因而它能支配影响你的行为。

我们可以发现，我们的情绪确实有某种"独立自主"的能力，它有时候可以"凌驾"于现实之上。正是那些向往富裕的积极的自我暗示使这个年轻的人寿保险推销员走出了困境，获得了成功。

➡ 自我暗示的力量到底有多大？

自我暗示的力量真的有这么神奇吗？

我可以用一位著名心理专家的话来回答你："你完全可以运用心灵的力量，来决定你的生或死。甚至，如果你选择活下去，你还可以决定自己要什么样的生活品质。"

或者，我也可以用第二世界大战（简称二战）期间一个残酷的实验来告诉你：

> 二战期间，凶残的德军将一个战俘四肢捆绑，蒙上双眼，搬动器械，告诉战俘要把他的血放光。然后在他的手腕处施加一点刺痛，再用水龙头一滴一滴地放水，发出不断滴答的声音。他们也许只是想捉弄他，但是想不到的是，过了一段时间，这个战俘竟然真的死了。当时并没有任何致命的措施施加给他，那他为什么会死呢？

这就是自我暗示发生的作用：耳听血滴之声，想着血液行将流尽——对死亡的恐惧瞬间导致肾上腺素急剧分泌，心血管发生障碍，心功能衰竭，最终导致死亡。

可以说，一个人的意识就像一片肥沃的土地，而自我暗示就是在其中播撒种子。一个人可以经由积极的心理暗示，把成功的种子和创造性的思想输入潜意识；相反，也可以通过消极的暗示或破坏性的思想，使潜意识里"野草丛生"。我们给自己的意识里输入什么样的心理暗示，就容易相应地影响到我们的实际行为。

➡ 如何用好自我暗示的力量？

用"肯定式"暗示替换"否定式"暗示

当你走路时不小心摔倒了，你会跟自己说"今天真倒霉"吗？如果你遇到不顺利的情况，总是跟自己说这样消极的话，那么你可能养成了一个对自己有害的心理习惯，就是消极的"自我暗示"。如果想要获取成功，你必须要将自己思想中那些消极的、充满失败感的想法用积极阳光的、成功进取的想法来替换。因为我们的潜意识在同一时间内只能主导一种感觉，一个极其正面的思想反复地灌输给大脑中的潜意识，原来的思想就会慢慢地衰弱、萎缩，新的思想会占上风。就像一张光盘上录上新的音乐，原来的内容就被替换掉一样。

这就要求我们在日常生活中，经常提醒自己不要强调负面结果，而要把不好的事情轻描淡写地带过。例如：我们总是不经意地给自己一些这样的提醒："昨天就在这儿摔倒了。""这段路是事故多发地段。"越是这样，我们越容易紧张，紧张又使我们手足无措，无法发挥正常水平。如果用些鼓励提醒的话，比如"走稳些就没关系""要减慢点速度了"等等，给自己一些积极的引导，"事实"也会向你所暗示的方向发展。

不断地重复地进行自我成功暗示

心理学家潘达斯（Pundus）在一系列实验研究中，向受试者呈现一些单词，并要求受试者出声地复述。实验结果发现，不仅所有的单词的平均记忆成绩随着重复呈现次数的增加而提高，个别单词还由于受试者复述次数的提高而显示出较高的记忆水平。这其实就是重复的心理规律。一句话反复重复，一个表情反复重复，就在你的心理潜意识中输入一个一个程序。因此，要达到自己理想中的成功，就必须掌握这一规律，不断地重复地进行自我成功暗示。

那么，你不妨在早晚睡前醒后的时间，躺在床上，每次花上几分钟，身体放松，进行一下自我心理谈话——描述自己的天赋和能力，想想你成功的景象。经常用简短的语言给自己积极有力地暗示，比如考试前，反复告诉自己"我能行"；生病时，反复提醒自己"没什么，我身体很棒"；失败时，反复对自己说"我依然是我，明天又是新的一天"……这样，你就会产生积极信念，进而让你对它们坚信不疑。重复，还会使最难的事（成功）变得容易，使鉴别能力和第六感觉更敏锐，还会使潜意识工作更精确，于是我们自然而然就会取得成功。

另外，我们还可以在自己四周放置一些书籍、图片、座右铭等，作为自我暗示的工具。你还可以将听到和读到的鼓励字句记在笔记本上，或者在路上或开会时迅速地书写几句励志的话语，都会给你的精神注入一股力量，反复暗示自己就会增加你的活力和效率。

接近成功人士，做成功的内模拟

当一个人的内心在想什么事时，他的表情会自然地模拟表现出来，这叫作内模拟。自我暗示，其实就是以内模拟的规律为依据的。

如果看到不好的表情、不好的风景、不好的人物、不好的绘画、不好的故事，我们自然而然会做不好的内模拟。例如：你去看望一个处在痛苦中的病人，如果你没有力量让对方放松心态。

那么，你会受他的影响。结果，你变得很不舒服。你被他的面部痛苦表情和身体的不舒服所感染，因为你的内模拟产生了作用。

反过来，看见美好的事物如漂亮的女孩、优美的风景，你的表情也在模拟。因此，想要取得成功，你就需要和那些成功人士接近，尽可能多地去了解他们的经历和事迹，最终你的内模拟将使你像他们一样获得相应的成功。

另外，再进行自我暗示时，要尽量努力地达到松弛并且凝神。凝神指的就是一心无二用，仅关注于自身的现在状态。这能够先把注意力集中于某一事物，时间长了注意力也就会自然而然地疲倦并且松弛，于是不再专注于任何事物，使得心灵空静。在这种心境下，自我暗示的效果一定会更好。

坚信定律——其实你比自己想象中更优秀

▶▶ 坚信定律的含义

当你对某件事情抱着百分之一万的相信态度时，它最后就会变成事实。这就是坚信定律。

正如著名的激励大师丹尼斯·威特利所说："一个人不是靠'我就是这种人'的事实驱动行动的，而是靠'我就是这种人'的信念支配行动的。"人如果真正深信某件事会发生，则不管这件事是善是恶，是好是坏，这件事就一定会发生在这个人身上。比如：一个人深信积极的事物一定会发生在自己身上，积极的事物就一定会发生。又比如：一个人深信自己命不久矣，那这个人很快就会死去。

一个人的成功，很多时候并不取决于他是否美丽，是否富有，是否聪慧，而是取决于一种人生态度。只要你相信自己足够优秀，便获得了逆袭人生的力量，你就真的可以比想象中更优秀。

➤ 一直相信自己行，直到你真的行

据说，在日本的富士山上，有一所专门培养企业领导人的学校。这个学校有一项很特别的课程，就是每天出操、上课时，学生都要大声地连续呼喊："我能行！我能行！"呼喊声响彻操场，响彻教室。呼喊声在富士山上久久回响，也在学生们的心里久久回荡。

因为这个学校的创办人认为：一个成功的人，一定要有"我能行"这样一种强烈的成功思维意识和自信的心灵力量。

相信自己行，其实就是使自己的心灵抢先拥有了成功的自信，给了自己一种无形的动力和压力，促使我们更快的向着成功进军。虽然这看起来可能像在欺骗自己，但是，如果你可以顺着这个思路去改变自己的行为，那么积极的行为也能帮你积极地思考。这样一段时间后思维成形，习惯养成，你的命运也就由此改变了。

事实上，日本首富孙正义就是这一观念的坚决拥护者和实践者：

孙正义两三岁的时候，他的父亲一再告诉孙正义："你是天才，你长大以后会成为日本首屈一指的企业家。"

在孙正义六岁的时候，他就这样跟别人做自我介绍："你好，我是孙正义，我长大以后会成为日本排名第一的企业家。"孙正义每一次自我介绍都加上这一句话，直到他后来成为日本首富。

孙正义给自己制定的个人蓝图：

19岁规划人生50年蓝图。

30岁以前，要成就自己的事业！

40岁以前，要拥有至少1000亿日元的资产！

50岁之前，要作出一番惊天动地的伟业！

60岁之前，事业成功！

70岁之前，把事业交给下一任接班人！

他是这么规划的，也是这样实施的，并且最终这位后来的日本首富成功做到了。

可见，相信自己，就是走向优秀、获得成功不可或缺的前提。不论环境如何，在我们的思维里，均潜伏着改变现时环境的力量。如果你满怀信心，积极地想着成功的景象，那么世界就会变成你想要的模样。你可以达到成功的最高峰，也可以在庸庸碌碌中悲叹。而这一切的不同，仅仅在于你是否有相信自己的信念。

▶▶ 如何赶走心中的自卑？

其实，是否相信自己，这就是一个心态问题，而事实上，人有什么样的心态，就会有什么样的生活和命运。那么，我们何不自信一点，成就自己的美丽人生呢？这里提供10条简单而可行的规则，希望帮你跨越自卑：

第一，构思你自己成功的形象，牢牢印在脑海中。不屈不挠固守这幅形像，不容它褪色。你的脑子自然会产生出具体的画面。不要怀疑形像的真实性。这样最危险，无论情况显得多糟，请随时想象成功的画面。

第二，每当消极的想法浮上心头，请马上采用一个积极的想法来与之对抗。

第三，研究分析面临的困难，尽量加以克服，千万别因恐惧而把问题看得太严重。

第四，别过度敬畏别人，培养一种"自以为是"的心态。因为，没有人能比你更好地扮演你的角色。请记住：大多数的人虽然外表看来很自信，其实往往跟你一样害怕，一样不信任自己。

第五，每天念10遍下面的积极语句："如果上天帮助我们，谁能阻挡我们呢？"

第六，找一个专家帮你找出自卑的主因。由童年开始研究，对认清自己有帮助。

第七，如果遇到困难遭到挫败，要拿出一张纸列出所有对自己有利的因素，这些因素不但可以让你变得积极，而且更能使自己冷静客观地面对问题。

第八，评估自己的能力，然后再将它提高10%。别太自负，但要有足够的自尊。

第九，相信你的能力无限之大。时刻不要忘记接受积极的思想，不给空虚、沮丧、疲倦留有侵袭的时间。

第十，提醒自己别和你的恐惧商量如何去做，而是采取主动积极的态度去分析问题、解决问题。

思维定势效应——像孩子一样思考

➡ 智商160的"笨蛋"

在解释"思维定势效应"之前，我们先来看一个故事：

美国科普作家阿西莫夫，从小就聪明，年轻时多次参加"智商测试"，得分总在160左右，属于"天赋极高者"之列，他一直为此而洋洋得意。

有一次，他遇到一位汽车修理工，是他的老熟人。修理工对阿西莫夫说："嗨，博士！我来考考你的智力，出一道思考题，看你能不能回答正确。"

阿西莫夫点头同意。修理工便开始说思考题："有一位既聋又哑的人，想买几根钉子，来到五金商店，对售货员做了这样一个手势：左手两个指头立在柜台上，右手所致拳头做出敲击状的样子。售货员见状，先给他拿来一把锤子；聋哑人摇摇头，指了指立着的那两根指头。于是售货员就明白了，聋哑人想买的是钉子。聋哑人买好钉子，刚走出商店，接着进来一位盲人。这位盲人想买一把剪刀，请问：盲人将会怎样做？"阿西莫夫顺口答道："盲人肯定会这样。"说着，伸出食指和中指，做出剪刀的形状。

汽车修理工一听笑了："哈哈，你答错了吧！—盲人想买剪刀，只需要开口说'我买剪刀'就行了，他干吗要做手势呀？"智商160的阿西莫夫，这时不得不承认自己确实是个"笨蛋"。

阿西莫夫其实就是陷入了"思维定势"之中。简单来说，就是人们局限于既有的信息或认识的现象。即：人在一定的环境中工作和生活，久而久之就会形成一种固定的思维模式，使人们习惯于从固定的角度来观察、思考事物，以固定的方式来接受事物。

这种思维习惯会束缚人的思维，使思维按照固有的路径展开。它有时可以使我们在从事某些活动时能够相当熟练，甚至达到自动化，可以节省很多时间和精力；但有时，思维定势也会束缚我们的思维，使我们只用常规方法去解决问题，而不求用其他"捷径"突破，因而也会给解决问题带来一些消极影响。

➤ 冲破定势，思路决定出路

大多数时候，我们看问题往往只善于从习惯的角度出发，而不善于转换位置，因而常常被困于某一瓶颈之中。其实，这种境遇只是因为为我们固执的定势思维所致。

就像在脑筋急转弯里问1+1在什么情况下不等于2？如果按照定势思维看问题，在什么情况下1+1都得等于2，但如果跳出了这个思维的框框，答案就会出现另一种情形：在算错的情况下1+1就不等于2。

生活中也是这样，不管我们做的是什么事情，无论我们碰到的是什么问题，幸运之神都更偏爱有头脑、会思考的人。这一点毫无疑问。

有一个男孩，体重不足，拒绝好的进食，父母亲全无办法。父亲最后对自己说："这个孩子要的是什么？我怎样才能把我所要的变成他所要的？"

当他开始往这方面想时，事情就容易了。这个孩子有一部三轮车，喜欢在家门口的人行道上骑来骑去。附近住着一个大男孩，常常把他拉下，把车抢去骑。每当小男孩哭叫着跑回去告诉他母亲，她就会立刻出来，把那个大孩子拉下来，把他的小孩再抱上去。小孩要的是什么？这不是明摆着吗？他的自尊，他的愤怒，驱使他采取报复行动。而当他父亲告诉他说，有一天他可以把那个大男孩打得落花流水时，他就不再偏食了。他愿意吃菠菜、泡白菜、咸鱼，及其他的任何东西，以便快点长大，把那个常羞辱他的小霸王痛揍一顿。

人们发现问题、研究问题、解决问题往往都是凭借原有的思维活动的路径（思维定势）进行思考的。人们认识未知、解决未知，都是以已知或已知的组合、变换为阶梯的。走出定势思维的旋涡，也许未必会让人一下子就成功，但一味地因循守旧却是更加难以找到出路。

其实，人的思维空间是无限的，像曲别针一样，至少有亿万种可能的变化。也许我们正在被困在一个看似走投无路的境地，也许我们正囿于一种两难选择之间，这时一定要学会换一种角度看事情，出现了问题要试着打破固有的思维模式换位思考，也许会有新的发现，会找到不止一条跳出困境的出路。

能够把人限制住的，只有人自己。转一个角度看世界，世界无限宽大；换一种立场待人事，人事无不轻安。

换个角度看问题，你就会心胸开阔，不拘泥于事物。当你对困难心存畏惧时，会想到那正是锻炼自己的好机会；当你做某件事情成功后，也会想到它其实也可能会走向失败。

换个角度看问题，你就会从容坦然地面对生活，再也不会拿别人的错误来惩罚自己。你会认识到生活的苦、累或开心、舒坦，都只取决于人的一种心境，从而不会为战场失败、商场失手、情场失意而颓唐，也不会为名利加身、赞誉四起而得意忘形。

换个角度看问题，新意就会产生，情况就会改观。当你思考问题时，也可以"避开大路，潜入小径"。也就是说，躲开那些热门的问题，而把眼光转向那些不被人们重视的角落。如果能够在新的发展道路上全力以赴，那么，取得巨大的成功，也并非异想天开。

➡ 多种思维能力训练

其中，运用逆向思维来解决问题，就是突破定势思维的一个常用手段。

所谓逆向思维，就是对事对物反过来想一想，以达到创造机会的目的。有逆向性思维的人，在生活中的表现常常令人称奇，"他为什么会想到这样干呢？"例如：我们从小就耳熟能详的《司马光砸缸》的故事，司马光采取的救人方法就是依靠逆向思维来完成的。按照通常的做法，小孩落水，都是采用从水中将之抱起来的"传统救法"，而司马光却一反常规，用砸缸救人的办法救出了小孩。因为根据当时情况，还没有人能一下子从大花缸里抱起落水的孩子，虽然花缸被砸破了，但却达到了迅速救人的目的。

另外，发散思维，也是打破思维定势陷阱的一个好方法。

训练发散思维，就要充分发挥想象力。方法就是利用一些开放性的问题，比如说"回形针有什么用？"尽量多想象一些别人没想到的用途。供参考的答案有：

回形针可以用来"别住纸张"；

可以让回形针利用衬衣口袋，别住"服务员"或"小队长"等标志；

可以用它代替发夹，夹住散乱的头发；

可以代替领带夹子；

可以把很多回形针联结起来，成为链条；

可以把回形针的一头拉开，代替牙签；

可以用它剔除地板、桌子缓和指甲缝的脏东西等等；

可以把整个回形拉直，当作鞋带使用——把它穿过鞋带孔扭结起来；

可以把回形针缝在窗帘布上端，代替窗帘圈；

可以将它别在纸模型飞机的头部，做重锤用；

将许多回形针串联起来，还能做项链；

…………

其实，想象有时就是这样，对于特定的问题，集中注意力，并且从各种角度去探讨，尽量让想象力"飞跃"起来。起初，你会觉得幼稚可笑，但是仔细总结之后，又会发现新的东西。"非常好的决策方式"，往往是从精神游戏产生出来的，不过，重要的一点，就是片刻不离问题的核心。

要让思考力活跃，就要时常训练自己，用批判性的眼光来观察，想要作这种训练，就要对于自己所做的事，都以"疑问"的眼光来看，尤其是对于惯例，"认为当然的事"，更要存有疑问的态度去思索。虽要事事存疑，但对于旁人的新构想，不要一味地挑剔，应该与对方一起讨论、研究，并且积极地参与。那么原本不太实用的想象，也会产生意想不到的效果。不要对任何想象加以否定，没有思考，没有检验，没有实践就没有发言权。但也不要只要是想象就一味地肯定，因为有些偶然产生的构想，看起来很不错，但是仔细想想，可能还有更好的方法。不要放弃要求更好的心情，注意时常向前迈进一步。

这么一来，我们往往就可以从思维定势中走出来，用发散思维的方式思考，我们的思路就会更开阔，创造力和解决问题的能力也就更强。

第二章

成功靠脑子：一切源自正确的思维

"播下一种思想，收获一种行为；播下一种行为，收获一种习惯；播下一种习惯，收获一种性格；播下一种性格，收获一种命运。"人们做任何事情首先都是从一个念头、一种思维开始，从而激发出自身的潜能，爆发出强大的行动力，才能达成种种期望的结果。所以，想要拥有成功的人生，就要从建立正确积极的思维开始。

1 展开大脑蓝图：没规划的人生，只能叫拼图

布利斯定理——做事没计划，如盲人骑瞎马

➤ 头脑也得"热身"

"用较多的时间为一项工作事前计划，做这项工作所用的总时间就会减少。"这就是布利斯定理，是由美国行为科学家艾德·布利斯所提出的。

这也是一条被实验证明过的真理：

几个美国心理学家选了一些篮球水平基本相同的学生，并把他们分成三组进行不同方式的投篮技巧训练。第一组学生在20天内每天练习实际投篮，把第一天和最后一天的成绩记录下来。第二组学生也记录下第一天和最后一天的成绩，但在此期间不做任何练习。第三组学生记录下第一天的成绩，然后每天花20分钟做想象中的投篮；如果投篮不中时，他们便在想象中做出相应的纠正。

结果：第二组没有丝毫长进；第一组进球增加了24%；第三组进球增加了26%。可见，行动前进行"头脑热身"，构想要做之事的每个细节，梳理心路，然后把它深深铭刻在脑海中，当你行动的时候，你就会得心应手。

事实上，早在几千年前，中国古代先哲们已经揭示过这一道理了。《礼记·中庸》中说："凡事预则立，不预则废。"意思就是，要想成就任何一件事，必须要有明确的目标，认真的准备和周密的安排。没有准备的盲目行动，只能是虽忙忙碌碌却一事无成。

然而，现在许多的年轻人，话一出口却是："我很迷惘……""我后悔了……""如果时间重来，我一定会……"还有一些年轻人，则是靠着身边"过来人"的安排一路走来的，从就学到工作，再到如今的恋爱、婚姻，父母当参谋、定方向已然成为常态。久而久之，很多人甚至索性就乐享其成。然而，儿时依赖父母规划安排，走进社会懒得计划的弊端正在发酵：做事不讲逻辑，遇事惘然无措，动辄意气用事等正在成为现代年轻人的符号。如果你不想自己的人生以悲剧结尾，就应该尽早给自己的人生来一次长远又合理的计划。

➡️ **如何计划你的人生？**

为自己的人生做计划，说起来简单，做起来困难。

首先，你要学会自我分析。

多数人的目标往往都需要通过在职场中的拼搏实现，因此目标往往也和自己的职业有关。而要想做出准确的职业定位，最主要的就是要知己，对自己做一个深入了解。问问自己：想做什么（兴趣），能做什么（能力），适合做什么（人格）。或者利用各种工具，如霍兰德、MBTI、九型人格等体系对自己进行一下测试，这样也可以帮助我们早一天明确自己的人生方向与目标。

在管理界中有一句名言："没有最好的，只有最切合实际的。"我们选择职业也是一样，没有对与不对，只有适合与不适合。我们每个人的个性、天赋、才能、所处的环境等都是不一样的，而我们所要做的，不是抱怨自己不如别人的地方，而是认真分析自己的特点，找出适合自己做的事情。"世上本没有垃圾，只有放错位置的财富。"如果你能够准确地把握了这一点，那么你想不成功都很难。

其次，目标必须明确。

不管你想要的是什么，你都应该将它变成一个相对明确的目标，不能模糊不清，这样，你在奋斗的时候才有方向。如果你只是想有所作为，却又不知道究竟该朝哪一方面努力，那你的目标很有可能成为一纸空文。

比如：从事法律职业的工作者，你可以将目标定位在若干年后成为知名律师，而销售人员，目标可以是在多久之后成为行业内最强大的销售精英。三百六十行，行行出状元。想要在职场中获得成功，你可以将目光投向那些站在顶峰的人，他们所站的位置，往往就能成为你的目标。

再次，设置现实可行的阶段性小计划。

设置好目标之后，接下来你需要做的是明白该干些什么来实现目标。在坚持大目标的前提下，你可以设置一些小的阶段性目标，安排一些小计划，这些计划就像你成功路上的阶梯一样，你一点点完成，到最后才能顺利走到终点。就像日本著名的马拉松运动员山田本一在其《自传》中写的一样：

> 每次比赛之前，我都要乘车把比赛的路线仔细看一遍，并把沿途比较醒目的标志画下来。比如第一个标志是银行；第二个标志是一棵大树；第三个标志是一座红房子……这样一直画到赛程的终点。比赛开始后，我就以跑百米的速度，奋力地向第一个目标冲去，过第一个目标后，我又以同样的速度向第二目标冲去。起初，很多人不懂这样的道理，常常

把自己的目标定在40千米外的终点那面旗帜上，结果跑到十几公里时就疲惫不堪了，被前面那段遥远的路程给吓倒了。

这就是山本田一夺得世界冠军的秘密。事实上，每一个成功的人都是在达成无数的小目标之后，才最终实现了他们伟大的梦想的。一味好高骛远，往往会欲速不达，连原先的成绩也损失掉了。将大目标分解为多个易于达到的小目标，脚踏实地，逐个完成，才会一步步走向大成功。

当然，在成功路上，计划虽然重要，但是真正决定成败的，还是执行者的毅力。如果没法坚持到底，那么即便有再好的规划也是枉然。

➡ 注意：避开计划的误区

1.根据自己现有的能力来确立目标。这样的目标也常常不会是什么太大的目标，并且人的能力似乎也总是不见长进。能力是一个相对的概念，绝不是天生的，而是后天有计划地去准备出来的。先确立一个目标，然后才去逐一准备达成该目标所必备的能力的话，我们会发现能力提升的速度显而易见。

2.设立自己完不成的目标。既不能妄自菲薄，也不能好高骛远。如果达不到目标，即使你完成了其中的一部分，也会给你带来一种挫折感。人在生活中挫折感太多了，动力就会相应减少。

3.过分地强调现实的可能性。尽管建立任何的目标，都必须考虑到现实的条件。但是，如果过分地强调现实的可能性，而不是强调对未来的憧憬，我们就会发现，建立的目标，十有八九不会是什么太大的目标。没有远大目标牵引的人生，你的潜能也不会有太大的发挥空间。

4.根据现有的信息来确立目标。在我们的大脑生理结构中有一个网状系统，是专门用来过滤信息的。先确定目标，然后你的网状系统就会自动地帮助你去找寻能够帮助目标达成的信息。

5.将没有量化、没有时间限制的梦想，当成是目标。其结果就是无法衡量进度，也无法衡量结果。同时也容易造成自己有意无意地压缩梦想，以适应残酷的现实。要知道，梦想可以非常概括、形象，而目标必须是具体而可以量化的。给它规定一定的时间期限，这样会让你有一种紧迫感，这种紧迫感会牵制你的惰性，让你更容易成功。

6.制订好目标之后，不做任何变动。执着追求是应该嘉许和称道的。但如果明知道不行，却仍一条巷子走到黑；或明知客观条件造成的障碍无法逾越，还要硬钻牛角尖，这就不可取了。计划的制订，实际上是一种动态调整，是随机转移。若发现你原来确定的目标（不管是大的目标还是小的阶段目标）与自己的条件及外在因素不适合，那就得改弦易辙，另择他径。

手表定律——脚踏两条船，在哪都行不通

➡ 猴子"捡来"的定律

手表定律是从一个"猴子捡手表"的故事开始的。

在一片大森林里，生活着一群猴子，它们每天日出觅食，日落而息，日子过得平淡而幸福。有一天，一名游客在穿越森林时，把一块手表落在了树下的岩石上，被猴子猛可拾到了。

聪明的猛可很快就搞清了手表的用途，于是，它成了整个猴群的明星，每只猴子都向猛可请教确切的时间，整个猴

群的作息时间也由猛可来规划。渐渐地，猛可建立起了威望，当上了猴王。

做了猴王的猛可认为是手表给自己带来了好运，于是它每天在森林里巡查，希望能够拾到更多的表。功夫不负有心人。猛可又拥有了第二块、第三块表。

但这次好运没来，麻烦却来了：每只表的时间指示都不尽相同，猛可不知道哪一个才是确切的时间。因此，每当有下属来问时间时，它都支支吾吾回答不上来，整个猴群的作息时间也变得混乱了。

猴子们造了反，把猛可推下了猴王的宝座，但新任猴王拿着这三块表，同样陷入了困惑。

这就是著名的"手表定律"：当一个人只有一只手表时，他只有一个判定时间的标准，而当他同时拥有两只或更多手表时，他判断时间的标准就会受到干扰，甚至无法确定时间。也就是说，更多的手表并不能告诉一个人更准确的时间，反而会让看表的人失去对准确时间的信心。

这其实说的就是，我们生活中经常要面对的所谓"鱼与熊掌不能兼得"的苦恼。比如：在择偶时，面对两个各有优点、同样倾心于你的人时，你一定会苦恼许久，按照身高标准，似乎觉得这个好一点；但按照相貌标准，则又觉得另外一个也不错。这个时候，很多人都不知道如何做出决断。再比如：择业时，地点、待遇各有所长的两家单位，你认为都很满意，同样会使你举棋不定。

实际上，人生的很多苦恼便是来自太多的标准，拥有太多的"手表"，这所有的"手表"让情况变得复杂，让人无所适从。我们要做的就是选择其中较让人信赖的一只，尽力校准它，并以此作为自己的标准，听从它的指引行事。

➡ 做一个"专一"的人

两只手表无法确定准确时间，同样，这也想做、那也想做的人，也不会走向成功。今天要当银行家，明天又想做贸易家，后天又想成为艺术家，那么你最终将无所适从，一事无成。"年轻人事业失败的一个根本原因，就是做事没有目的性，他们的精力太过分散，以至于一无所成。"这正是成功学大师戴尔·卡耐基在分析了众多个人事业失败的案例后得出的结论。

与其诸事平平，不如一事精通。在别人三心二意、四处出击的时候，"专一"会给你带来更多成功机会。然而，要想在世事喧嚣、红尘滚滚中静下心来，只专注于某一方面，这是一件非常艰难的事。这意味着你要同欲望的诱惑战斗，意味着你有可能放弃很多机会，还意味着你遭遇困难不能退缩，但是只要这样，你就更容易达成心中的目标。

那么，怎么才能做一个"专一"的人呢？

首先，要对自己有一个正确的认识。

不仅要相信自己有能力和价值，同时也可以认识到自己有缺点和毛病。事实上，正如世界上没有十全十美的东西一样，也不存在神通广大的完人，任何人都有缺点和弱点，任何人也都有无知无能方面。美国著名的管理学家彼得·德鲁克在《有效的管理者》一书中这样写道："倘要所有的人没有短处，其结果最多是形成一个平庸的组织。所谓'样样都是'，必然'一无是处'。才干越高的人，其缺点往往也越明显，有高峰必有深谷。"因此，我们应当保持这样一种心态和感觉——我知道自己的长处、优点，也知道自己的短处、缺点，我深知自己的潜能和心愿，也看到自己的困难和局限。我们以这种自我认识、相互包容的观念意识付诸行动，就能从自身条件不足和不利环境的局限中解脱出来，不必藏拙，不怕露怯。

其次，不要去嫉妒他人的成功。

只要踏踏实实做好自己手头的事情就足够了，别人的成功只能是激励自己前行的动力，却不能因为别人成功，就动摇自己的目标，认准自己的目标，执著地追求，才是最正确的做法。

再次，消灭你的专注力"杀手"。

当你不能专注地做事时，找到那些消灭你专注力的杀手，然后消灭它们。

一般来说，注意力不集中的原因主要分内因和外因两类：

外部干扰包括噪音、对话、不舒服的椅子和桌子，不合适的灯光、电视、工作、家务、网络、电子邮件等，内部因素包括饿了、累了、病了、没有动力、感到厌烦、没有兴趣、焦虑、压力和烦恼、消极的想法、白日梦等。找到这些杀手，一一排除它们。

最后，不要被困难和失败吓倒。

吃苦是成功的必要条件，可是很多人害怕吃苦，遇到一点小困难就退缩，这种心态是万万要不得的。不要羡慕别人的成果，要准备下些苦功才行。

另外，害怕失败也是很多人的普遍心理，失败让他们裹足不前，甚至一次失败就会对他们终生造成影响。要知道，失败是不可避免的，要将失败当作一次教训，吸取教训，下次不再犯这样的错误就好了。

总之，世界上最大的浪费就是把一个人宝贵的精力无谓地分散到许多不同的事情上。一个人的时间有限，能力有限，资源有限，想要样样都精，门门都通，绝不可能办到。如果你想在任何一个方面做出什么成就，就一定要牢记这条法则。

⟨2⟩ 具化你的渴望：世上的一切都会给你让路

行动原则——所有的成就都是在行动中完成的

➜ 无行动，不成功

你想象中的成功是什么样子？一个天才的想法，一份美妙的计划，然后演绎了一段完美的传奇？

但事实上，所有的成就都是在行动中完成的。想，固然重要，但想是为了行动来服务的，想好了，想通了就要去做，去行动！光有富有创造力的想法却不积极行动，那么想法永远只是停留在想法，只有去实践，去探索，去承受失败和挫折，那么成功才会离你越来越近。

在马萨诸塞州的乡下，有一个十分热爱诗歌小伙子，他甚至从7岁起就已经开始进行诗歌创作了。

由于地处偏僻，一直得不到名师的指点，是他一直以来的遗憾。这一年的夏天，小伙子鼓起勇气不远千里来登门拜访年事已高的大诗人爱默生。爱默生对这个小伙子非常欣赏，决定凭借自己在文学界的影响大力提携他。爱默生将青年诗人留下的诗稿推荐给了文学刊物发表，但反响不大。他希望这位青年诗人继续将自己的作品寄给他。于是，老少两位诗人开始了频繁的书信来往。

信中，青年诗人用长达几页的文字大谈特谈文学问题，激情洋溢，才思敏捷，表明他的确是个天才诗人。爱默生对他的才华大为赞赏，在与友人的交谈中经常提起这位诗人。青年诗人很快就在文坛有了一点小小的名气。不过，在此之后，这位青年诗人再也没有给爱默生寄诗稿来，信却越写越长，奇思异想层出不穷，言语中开始以著名诗人自居，语气越来越傲慢。

爱默生开始觉得不对劲了。于是，在这一年的秋天，他邀请这位青年诗人前来参加一个文学聚会。

青年诗人如期而至，并且大出风头。他逢人便谈他的伟大作品，表现得才华横溢，锋芒咄咄逼人。而几乎每个人也都认为这位年轻人必将成大器。否则，大诗人爱默生能如此欣赏他吗？利用这次机会，爱默生也认真询问了年轻人的想法："后来为什么不给我寄稿子了？""我在写一部长篇史诗。""你的抒情诗写得很出色，为什么要中断呢？""要成为一个大诗人就必须写长篇史诗，小打小闹是毫无意义的。""你认为你以前的那些作品都是小打小闹吗？""是的，我是个大诗人，我必须写大作品。""也许你是对的。你是个很有才华的人，我希望能尽早读到你的大作。""谢谢。我已经完成了一部，很快就会公诸于世。"

之后，青年诗人继续给爱默生写信，只不过，信越写越短，语气也越来越沮丧，而且也从不提起他的大作。这年冬天的某一天，他终于承认，长时间以来他什么都没写。以前所谓的大作根本就是子虚乌有之事，完全是他的空想。

他在信中写道："很久以来我就渴望成为一个大作家，

周围所有的人都认为我是个有才华有前途的人，我自己也这么认为。我曾经写过一些诗，并有幸获得了阁下您的赞赏，我深感荣幸。我深感苦恼的是，自此以后，我再也写不出任何东西了。不知为什么，每当面对稿纸时，我的脑中便一片空白。我认为自己是个大诗人，必须写出大作。在想像中，我感觉自己和历史上的大诗人是并驾齐驱的，包括和尊贵的阁下您。在现实中，我对自己深感鄙弃，因为我浪费了自己的才华，再也写不出作品了。而在想像中，我是个大诗人，我已经写出了传世之作，已经登上了诗歌的王位。尊贵的阁下，请您原谅我这个狂妄无知的乡下小子……"

从此以后，爱默生再也没有收到这位青年诗人的来信。

志当存高远。虽然没有错，但高远的志向必须和脚踏实地的行动结合起来。要知道，再多的智慧，再多的奇思妙想，如果不用在行动上，都是毫无意义的。

在现实生活中，许多有远大抱负的年轻人也和这个青年诗人一样，忽略了"一屋不扫，何以扫天下？"的道理，一天到晚只会痴人说梦，幻想着有什么天大喜事降临，天上有馅饼掉下来砸中自己，总想不费半点力气就能在学习和事业上取得大的成就。等到忽然有一天，他看见比自己开始晚的，比自己天资差的，都已经有了可观的收获，才惊觉在自己这片园地上还是一无所有。或许这时他才能明白：生活中最大的成功者从来不是那些嘴上说得天花乱坠的人，也不是那些把一切都设想得极美妙的人，而是那些脚踏实地去干的人。

➡ 如何脚踏实地却不安于现状？

脚踏实地，有时候很容易让人满足于现状，你的进取心开始逐渐消磨，所以你也许永远都只能原地踏步，从而使你的目标可望而不可即。

因此，我们一定要在脚踏实地的基础上继续保持身上的"不安分因子"，它的积极意义就是——会让我们在不断学习和实践中不断增长智慧，即使在探索前进的道路上深一脚浅一脚，却是走在通往成功的捷径上！

对于那些安于现状的人，我们给出的建议是：

1. 离开舒适区。

2. 找出自身的情绪高涨期。

3. 调高目标。

4. 逼真地想象你的弥留之际。

5. 撇开那些不支持你目标的"朋友"。

6. 迎接恐惧，直面困难。

7. "休整→重新投入"的循环。

8. 先"排演"一场比你要面对的更复杂的战斗。

9. 在塑造自我的整个旅途中，保持良好的感觉。

10. 不沉浸在过去，也不耽溺于未来，立足现在。

11. 敢于竞争。

12. 不从别人身上找寻自己，在内省中塑造自我。

13. 走向危机。

14. 从细微处做改变。

15. 敢于犯错。

16. 不怕拒绝。

17. 尽量放松。

18. 循序渐进。

如何脚踏实地而不急功近利？

脚踏实地，往往意味着煎熬、等待。尤其是对于刚刚参加工作的人来说，初进公司，往往都会被按排去做一些比较琐碎的、平凡乏味的工作。由于对工作的期望值比较高，对工作现实认识不足，人往往会变得急躁起来。但你必须快速转变心态，因为唯有等待，并且在等待成功时能够承受住磨炼和打击，才能得到自己想要的结果。

那些急功近利的人，你需谨记如下规则：

1. 不要担心，别人会很注意你。

2. 别忘了多激励自己。

3. 适当的场合适时地表现自己。

4. 总结经验，尽快地使自己成熟起来。

5. 找好定位。

6. 不放弃学习。

7. 多做事，少抱怨。

8. 自动自发。

其实，谁没有年轻过？谁没有空想过？谁没有幻想过？只是，你别忘了，空谈而不落实，再完美的战略、再滴水不漏的计划、再绝妙的招数也只能成为华而不实的空中楼阁。天地如此广阔，世界如此美好，等待我们的不仅仅是需要一对幻想的翅膀，更需要一双踏踏实实的脚！

棋盘效应——每天进步一点点，哪怕微不足道

棋盘上的麦粒

棋盘效应来自印度的一个古老传说。

古代印度国王舍罕酷爱下象棋，一直打算重赏国际象棋的发明者——他的宰相西萨·班达·伊尔。

他问西萨："你想要什么样的赏赐呢？"

这位宰相的胃口看来并不大，他向国王请求说："陛下，我想向你要一点粮食，然后将它们分给贫困的百姓。"

国王高兴地同意了。

"请您派人在这张棋盘的第一个小格内放上一粒麦子，在第二格放两粒，第三格放四粒……照这样下去，每一格内的数量比前一格增加一倍。陛下啊，把这些摆满棋盘上所有64格的麦粒都赏赐给您的仆人吧！我只要这些就够了。"

这个请求看起来实在是微不足道。国王马上令仆人搬来麦子，开始按照宰相的规定数放麦粒。其他大臣们眼看着仅用一小碗麦粒就填满了棋盘上十几个方格，禁不住笑了起来，连国王也认为西萨太傻了。

随着放置麦粒的方格不断增多，搬运麦粒的工具也由碗换成盆，又由盆换成箩筐。即使到这个时候，大臣们还是笑声不断，甚至有人提议不必如此费事了，干脆装满一马车麦子给西萨就行了！

但不知从哪一刻起，喧闹的人们突然安静下来，大臣和国王都惊诧得张大了嘴：因为，即使倾全国所有的麦子，也填不满下一个格子了。

究竟需要多少麦子呢？这是一个简单的等比级数：$1+2+4+8+16+32+64+128+256+512+1024+\cdots+2^{62}+2^{63}=18446744073709551615$。如果每升麦子 10 万粒的话，将需要 184 万亿升。这差不多是全世界两千年小麦产量的总和！

这就是棋盘效应的由来，它发生作用的基础不是持续的累加，而是要找到最有效率的累加方法。即我们用多少分钟来做事固然重要，但每一分钟比前一分钟是否更有效率却更为重要。

这一效应告诉我们：成功靠的就是这样每次一点点的进步，事无大小，只要一步一个脚印，踏踏实实的向前迈进，这样你就有可能取得成功。比如：一个学生每天记10个单词，一个月就可以记300多个单词，这样一年下来，收获不言而喻。一个科学家来说，只有不断地实验，总结失败的教训，才可能有伟大的发明。对于运动员来说，只有平时多加训练，每天进步一点点，这样才可能在大赛中获胜……

➡ 你与优秀者有何不同？

不知道你有没有想过这样一个问题：那些从小跟你一起玩泥巴，一起在同一个教室上课，家庭背景、受教程度等都在同一起点的人，为何总有一些人活成了你羡慕的样子？

1986年，作曲家谭盾初到美国求学。尽管有哥伦比亚大学提供的奖学金，但他仍必须到街头拉小提琴卖艺来赚钱。和他一起卖艺的，还有一位熟识的黑人琴手。他们非常幸运地"抢到"了一个最能赚钱的好地盘——一家商业银行的门口。

一段时间之后，谭盾卖艺赚到了一些钱后，就和那位黑人琴手分道扬镳了，因为他没有忘记自己来美国的目的是学习声乐，而不是卖艺赚钱。因此，他将全部时间和精力都投入提高音乐素养和琴艺之中……

就这样，十年过去了。一天，当谭盾偶然路过那家商业银行时，惊奇地发现：那位黑人琴手仍在那里卖艺！黑人琴手看见谭盾时很高兴，说道："兄弟，多年不见啦，你还好吧？现在在哪里拉琴啊？"谭盾说了一个很有名的音乐厅的名字，黑人琴手的表情很漠然，似乎没听说过那个音乐厅。他问道："那家音乐厅的门前也是个好地盘，也很赚钱吗？"

原来，他想当然地认为谭盾和他一样，仍在这样或那样的公共场合卖艺赚钱。他哪里知道，再次出现在他面前的谭盾，已是一位国际知名的音乐家，不再需要卖艺赚钱！

这就是平庸者与优秀者的差别所在！很多时候，我们并不是被别人打败了，而是自己忘记了每天都要努力。

我们每天按部就班的生活——朝九晚五、一周双休、每天坐同样的公车上班、在办公室做同样的工作、每个月领同样的薪水……即使你有能力做得更好，但是安于现状让你的进取心开始逐渐消磨，所以你也许永远都只能原地踏步，从而使你曾经的目标可望而不可即。

而另一些人，他们每天都不忘记成长自己，从不忘记自己内心的梦想，在你睡觉的时候努力；在你玩乐的时候努力；你在努力的时候更加努力……用他们每天比你多一点点的努力，在不知不觉中把你远远落在了身后。

所以，不要再抱怨生活，也不要再看着别人的朋友圈发酸，一味要求生活赋予你成功，你又赋予成功什么了呢？你连持续的努力都做不到，又有什么资格发牢骚呢？

世界中从来就不存在不劳而获或一劳永逸的事情，成功往往来源于诸多元素的几何叠加。不要觉得有些事太微小，所谓的进步几乎是可以完全忽略不计的，就不愿意投入地去做。那是错误的。人的脸每天的变化微乎其微，可是却能从稚嫩的孩童变成满脸皱纹的老人；数学中$50\% \times 50\% \times 50\%=12.5\%$，而$60\% \times 60\% \times 60\%=21.6\%$，每个乘项只增加了0.1，而结果却几乎成倍增长。

所以，不要轻易忽视任何细微的变化，坚持每天努力一点点，假以时日，我们的明天与昨天相比就会有天壤之别。

➡ 每天进步一点点

每天进步一点点，看起来多么简单，但是你做到了吗？你身边的人做到了吗？敢问世界上有多少人做到了？

开学第一天，古希腊大哲学家苏格拉底对学生说："今天咱们只学一件最简单、最容易的事儿。每人把胳膊尽量往前甩，然后再尽量往后甩。"说着，苏格拉底示范了一遍："从今天开始，每天做300下，大家能做到吗？"同学们都笑了。这么简单的事，有什么做不到的呢？过了一个月，苏格拉底问同学们："每天甩手300下，哪些同学坚持了？"有百分之九十的同学骄傲地举起了手。又过了一个月苏格拉底又问，这回，坚持下来的学生只剩下八成。一年以后，苏格拉底再一次问同学们："请大家告诉我，最简单的甩手运动，还有哪几位同学坚持了？"这时，整个教室里，只有一个人举起手。这个学生就是后来成为古希腊另外一位大哲学家的柏拉图。

现实生活中也是这样，许多人做事最初也都能保持旺盛的斗志，在这个阶段普通人与杰出的人是没有多大差别的，然而，走着走着，懈怠者与顽强者便各自会显示出来，平庸与差别也就显现出来了。

其实，完成一件事，并不是在于它本身的难度，而是在于能坚持多长时间。每天进步一点点，贵在每天，难在每天。

要想坚持下去，一个最有效的方式就是将其变成一种习惯。习惯的力量是无穷的，一旦养成一个好的习惯，你就会终生遵循这个习惯，并且从中受益无穷，从而让你的人生进入递进式的高度。在养成习惯的过程中，你要耐得住寂寞，不因收获不大而心浮气躁，不为目标尚远而情疑动摇，而应具有持之以恒的韧劲；还要顶得住压力，不因面临障碍而畏惧退缩，不为遇到挫折而垂头丧气，而应具有攻艰克难的勇气；更要抗得住干扰，不因灯红酒绿而分心走神，不为冷嘲热讽而犹豫停顿，而应有专心致志的定力。

一个人，如果每天都能进步一点点，哪怕是1%的进步，试想，有什么能阻挡得了他最终达到成功？每天进步一点点，使每一个今天充实而又饱满。每天进步一点点，终将使一生厚重而充实。

泡菜效应——成功者生于易于成功的环境

➡ 近朱者赤，近墨者黑

同样的蔬菜在不同的水中浸泡一段时间后，将它们分开煮，其味道是不一样的。根据这个原理可知，人在不同的环境里，由于长期耳濡目染，其性格、气质、素质和思维的方式等方面都会有明显的差异。在现代心理学中，人们把这种环境对人的影响叫作泡菜效应。

泡菜效应揭示了环境对人的成长具有非常重要的作用。譬如一个在父母的争吵打骂环境中成长起来的孩子，他的家庭观念会很淡薄，对社会对人生的理解也会很偏激，对家庭、对社会缺乏责任感。而在一个温馨宽松的家庭气氛中成长起来的孩子，会对家庭充满依恋、对社会对人生的理解宽厚而平和，从而有更多的机会走向成功。一个人出生于什么样的家庭自然是无法选择我，但争取怎样的生存环境和发展却是可以选择或奋斗的。人可以通过努力去改变环境，让自己生存的环境越来越好。

➡ 262.6411万美元的午餐到底值不值？

既然环境可以让一个人产生特定的思维习惯，甚至是行为习惯，直接影响我们的工作效能与生活。那么，对于那些想成功的人来说，一个最好的方法就是和成功人士在一起，有助于我们在身边形成一种"成功"的氛围。在这种氛围中，我们可以向身边的成功人士学习他们的思维方法，感受他们的热情，了解并掌握他们处理问题的方法。

美国有一位名叫阿瑟·华卡的农家少年，在杂志上读了某些大实业家的故事，很想知道得更详细些，并希望能得到他们对后来者的忠告。

有一天，他跑到纽约，也不管几点开始办公，早上7点就到了威廉·亚斯达的事务所。

在第二间房子里，华卡立刻认出了面前那体格结实、长着一对浓眉的人是谁。高个子的亚斯达开始觉得这个少年有点讨厌，然而一听少年问他："我很想知道，我怎样才能赚得百万美元？"他的表情便柔和并微笑起来。俩人竟谈了一个钟头。随后亚斯达还告诉他该去访问的其他实业界的名人。

华卡照着亚斯达的指示，遍访了一流的商人、总编辑及银行家。

在赚钱这方面，他所得到的忠告并不见得对他有所帮助，但是能得到成功者的知遇却给了他自信。他开始仿效他们成功的做法。

又过了两年，这个20岁的青年成为他学徒的那家工厂的所有者。24岁时，他是一家农业机械厂的总经理，为时不到5年，他就如愿以偿地拥有百万美元的财富了。这个来自乡村粗陋木屋的少年，终于成为银行董事会的一员。

华卡在活跃于实业界的67年中，实践着他年轻时来纽约学到的基本信条：多与有益的人相结交。

"多与有益的人相结交。"经常与有价值的人保持来往，这不是势利，而是你向上的力量。和勤奋的人在一起，就不会懒惰；和积极的人在一起，就不会消沉；与智者同行，就会不同凡响；与高人为伍，就能登上巅峰。

这也就是为什么有人会花数百万美元购买一个和人共进午餐的机会。我们都知道，"股神"沃伦·巴菲特是全球著名的投资商，自2000年起，巴菲特每年拍卖一次与他共享午餐的机会，并把拍卖收入捐给美国慈善机构格莱德基金会，用于帮助旧金山地区的穷人和无家可归者。这项竞拍的最低中标价格为2001年的1.8万美元，最高价——262.6411万美元——则在2011年诞生。

花这么多钱吃一顿午餐到底值不值呢？

用好莱坞的一句流行语来回答就是："一个人能否成功，不在于你知道什么，而在于你认识谁。"这句话虽然有些绝对，但对于个人来说，确实是近朱者赤，遇强则强。和成功的人在一起不但能学习他们成功的思维和模式，还可以得到他们的帮助，让我们在成功的路上越走越顺利。

不过，要与优秀的人缔结友情，就跟第一次就想赚百万美元一样，是相当困难的事。这原因并非在于伟人出类拔萃，而是你自己容易忐忑不安。优秀者无论地位，还是阅历、学识，都高我们一筹。与他们交往，常令我们肃然起敬，有时我们还有一种威压感而噤若寒蝉。我们作为平常人，在这种情势下往往显得动作走形，言语嗫嚅，特别别扭生硬。其实，优秀者也是我们平等的交际对象，也是一种自然的交往关系，我们一方面要尊重于彼，另一方面也立足于自己，守住方寸，保持本色，自然而正常的交往，不必拘谨。这反倒能显示自己的交际魅力，会赢得对方的认可和尊重，优秀者会乐意与我们发展友情。

如果将你所在城市的著名人士列出一张表，再把将会对你的事业有所帮助的人，也列出一张表，之后就是每星期去试着结交一位这样的人。不久后你就会惊奇的发现，你的人生会有所改变。

当然，我们说要与伟大的朋友缔结友情，并不是以炫耀自己与大人物的关系为目的，那只会让你显得肤浅可怜。我们更需要的，是优秀的朋友给我们的刺激，以助长我们的勇气。结交那些希望你快乐和成功的人，你就在追求快乐和成功的路上迈出最重要的一步。

蝴蝶效应——细节决定成败

➡ 蝴蝶效应的由来

蝴蝶效应，是1963年12月由气象学家洛伦兹在华盛顿的美国科学促进会的一次讲演中提出的：一只南美洲亚马孙河流域热带雨林中的蝴蝶，偶尔扇动几下翅膀，可能在两周后引起美国德克萨斯州发生一场龙卷风。其依据在于：蝴蝶翅膀的运动，导致其身边的空气系统发生变化，并引起微弱气流的产生，而微弱气流的产生又会引起它四周空气或其他系统产生相应的变化，由此引起连锁反应，最终导致其他系统的极大变化。

洛伦兹的这次演讲和结论给人们留下了极其深刻的印象，更让蝴蝶效应之说不胫而走，名声远扬。

当然，今天的蝴蝶效应或者说广义的蝴蝶效应，已不限于当初洛伦兹的蝴蝶效应仅对天气预报而言，而是一切复杂系统对初值极为敏感性的代名词或同义语。也就是说，初值稍有变动或偏差，将导致未来前景的巨大差异，这往往是难以预测的或者说带有一定的随机性。这如同打台球、下棋及其他人类活动，往往"差之毫厘，失之千里""一着不慎，满盘皆输"。

从贬义的角度看，蝴蝶效应往往给人一种对未来行为不可预测的危机感，但从褒义的角度看，蝴蝶效应使我们有可能"慎之毫厘，得之千里"，从而可能"驾驭混沌"并能以小的代价换得未来的巨大"福果"。

➤ 重视小隐患，不出大问题

丢失一个钉子，坏了一只蹄铁；坏了一只蹄铁，折了一匹战马；折了一匹战马，伤了一位骑士；伤了一位骑士，输了一场战斗；输了一场战斗，亡了一个帝国。这首西方的民谣已经将细节决定成败的道理诠释的淋漓尽致。马蹄铁上一个钉子是否会丢失，本是初始条件的十分微小的变化，但其"长期"效应却事关一个帝国的存亡。这看起来似乎不可思议，但有时确实会成为事实。

细节决定成败，我们老生常谈，但依然有许多人认为小问题无足轻重，不足以影响大局，更不足以成就大事。因此，我们常常可以看到生活中许多因小毛病而最终造成不可挽回的大错误的惨痛教训。2011年发生的"7·23动车事故"想必许多人仍然记忆犹新。场面的惨不忍睹，人员的重大伤亡，都让人痛心疾首。但这绝不是天灾，深究起来，列车控制中心设备存在严重设计缺陷、上道使用审查把关不严、雷击导致设备故障后应急处置不力等因素才是造成这起事故的真正原因。

没有任何一件事情，小到可以被放弃；没有任何一个细节，细到应该被忽略。不管是生活中，还是工作中，只要其中一个环节出现差错，其他方面做得再好，所有的努力都可能付诸东流，更可能带给我们惨痛的教训。

不过，即使道理人人都懂，但也并不是人人都能充分注意小问题、小细节。这就要求我们将这一思维方式内化成行为，成为一种习惯。正如著名的"铁娘子"——英国已故首相撒切尔夫人在谈及习惯与生活细节时曾经说过的话："有时事物太忙，我也可能感到吃不消，但生活的秘诀实际上在于把90%的生活细节变成习惯，这样你就可以习惯成自然了。"

虽然并不是所有的细节都能决定成败，但只有养成注重细节和小事的习惯，才能在简单之中为事情的成功构筑坚实的基础，这一点毋庸置疑。

➡ 做好小事情，才能做大事

在生活或工作当中，很多人都有远大的抱负，一心只想着做大事，他们往往对于小事或细节嗤之以鼻，觉得凭自己的才能，做一些鸡毛蒜皮的小事实在有失身份。

有做大事的抱负，固然是好事。但是，如果只想做大事，不屑于做平凡的小事，那不见得是一件什么好事。

古人说得好，一屋不扫，何以扫天下？一个连自己的房间都打扫不干净的人，如何打扫天下？同样，一个连小事都做不好的人，又怎能做成大事呢？只有你把小事做好了、做到位了，才会谋取更大的发展。

杰克森，起初只是美国某汽车公司一个制造厂的杂工，但在短短五年的时间里就成为公司最年轻的总领班。那么他是怎么做到的呢？

其实，他就是在做好每一件小事中获得了极大成长。

杰克森在一开始工作进入工厂之后，就对工厂的生产情形，做了全盘了解。他知道一部汽车由零件到装配出厂大约要经过多少个部门的合作，而每一个部门的工作性质又是怎样的，每一个环节他都一一掌握清楚。他当时就想：如果自己想在汽车制造这一行做出点成绩，必须全面细致地了解汽车的全部制造过程。

于是，他主动要求从最基层杂工做。他认为只有自己深入基层才能有长足的发展。当然，杂工不属于正式工人，也没有固定的工作场所，经常是东奔西走，工作又脏又累。杰克森通过这项工作，和工厂的各部门都有接触，对各部门的工作性质也有了初步的了解。就这样，杰克森从一个小杂工开始起做，最后一点点地又到其他一些小部门去工作。不到五年的时间，他几乎把这个厂的各部门工作都做过了。最后，由于表现突出，杰克森被提升为该公司有史以最年轻的总领班。

可见，在工作中，把每一件简单的小事做好就是不简单，把每一件平凡的小事做好就不是平凡。

　　而且，在职场上我们也不可能天天都做大事，更多的人、更多的时候都是在做一些小事，而大事便是由这些无数的小事组成的。这个世界上，从来没有卑微的工作，只有卑微的态度。你若看不起你的工作和职业，你就会觉得你做的是卑微低下的事；当你以阳光积极的心态看待你的工作，想着你的工作可能和他人的利益息息相关，你的一个细节上的失误可能会为他人带来巨大的影响，那你就会明白，每一件事情都不会是一件小事。把小事做好、做细、做得，那么，你不仅在工作中找到快乐，更能赢得人们的尊敬。

③ 永远不要绝望：上帝只拯救能够自救的人

80/20定律——坚持，是胜者通用的法则

➡ 80/20定律的引申

80/20定律，又叫二八法则、帕累托法则、帕累托定律、80/20法则、最省力法则、不平衡原则等，是意大利经济学家帕累托的研究成果。

　　1897年，帕累托在研究中偶然注意到一件奇怪的事情：19世纪英国人的财富分配呈现一种不平衡的模式，大部分的社会财富，都流向了少数人手里。而且，令帕累托真正感到奇怪的还有，这种不平衡模式会反复出现，在不同时期或不同国度都能见到——不管是早期的英国，还是与他同时代的其他国家，或是更早期的资料——而且这种不平衡的模式有统计学上的准确性。

　　帕累托从研究中归纳出这样一个结论：如果20%的人口拥有80%的财富，那么就可以预测，10%的人将拥有约65%的财富，而50%的财富，是由5%的人所拥有。

在这里，重点不仅是百分比，更在于一个事实：财富分配的

模式是不平衡的，而且这种不平衡是可以预测的。因此，80/20成了这种不平衡关系的简称，不管结果是否恰好是80/20。

这一法则无时无刻不在影响着我们的生活，它教给人们独特的思维方向与分析方法，可以让人们针对不同问题，采取明智的行动。

对于管理者来说，它是国际上公认为的企业经营法则，即"有所为，有所不为"的经营方略。将80／20作为确定比值，本身就说明企业不应该面面俱到，而应当侧重抓关键的人、关键的环节、关键的项目、关键的岗位；企业家要想有所建树，就应当将企业管理的注意力集中到20%的重点经营业务上来，采取倾斜性措施，确保重点突破，进而以重点带全面，取得企业经营整体进步。

对我们个人的成功而言，人在达成目标前80%的时间和努力，只能获得20%的成果，80%的成果在后20%的时间和努力获得。很多人在追求目标的时候，由于久久不能见到明显的成果，于是失去信心而放弃。须知命运修造是长久的事，要有足够的耐心。不要预期前80%的努力会有很大收获，只要不放弃，最后20%的努力就会有长足的进步。

二八法则的意义当然不止这些，只要是认真看待80/20法则的人，都会从中得到有用的思考和分析方法，可以更有效率地做事，甚至因此改变命运。

▶▶ 烧开一壶水的智慧

我们都知道，水烧到99℃不算开，但只要最后再加1℃，就能突破物理形态的临界线，从液态变为气态，不开的水就变为开水。

其实，成功和烧水是一个道理。人在达成目标前80%的时间和努力，往往只能获得20%的成果，80%的成果在后20%的时间和努力中获得。如果你因久久不能见到明显的成果，于是失去信心而放弃，你就永远没有成功的可能。但只要有足够的耐心，不放弃最后20%的努力，就会有长足的进步。

一个农场主在巡视谷仓时不慎将一只名贵的金表遗失在谷仓里，他遍寻不获，便在农场门口贴了一张告示，要人们帮忙，悬赏100美元。

人们面对重赏的诱惑，无不卖力地四处翻找，无奈谷仓内谷粒成山，还有成捆成捆的稻草，要想在其中找寻一块金表如同大海捞针。

人们忙到太阳下山仍没有找到金表，他们不是抱怨金表太小，就是抱怨谷仓太大、稻草太多，他们一个个放弃了100美元的诱惑。只有一个穿破衣的小孩在众人离开之后仍不死心，努力寻找，他已整整一天没吃饭，希望在天黑之前找到金表，解决一家人的吃饭问题。

天越来越黑，小孩在谷仓内坚持寻找，突然他发现一切喧闹静下来后有一个奇特的声音滴答滴答不停地响着。小孩顿时停止寻找。谷仓内更加安静，滴答声响十分清晰。小孩循声找到了金表，最终得到了100美元。

成功有时就如同谷仓内的金表，早已存在于我们周围，散布于人生的每个角落，只要执著地去寻找，专注而冷静地思考，我们就会听到那清晰的滴答声。

然而，令人感到遗憾和悲哀的是，绝大多数人在最后时刻选择了放弃。美国华盛顿山的一块岩石上立着一个标牌，告诉后来的登山者，那里曾经是一个女登山者躺下死去的地方。她当时正在寻觅的庇护所——"登山小屋"只距她100步而已，如果她能多撑100步，她就能活下去。难怪有人会说："百分之九十的失败者其实不是被打败，而是自己放弃了成功的希望。"所以说，做任何一件事，都不要轻易放弃，如果出现挫折时，你要反复告诉自己：把这件事坚持做下去，成功永远属于坚持到最后的人。

坚持，其实是对毅力和勇气的极大考验。想想我们做过的事，你就会发现，无论做什么事，都要经历一个过程，而且越是重大的事，经历的过程就越长。从事情的开始，到事情的终了，然后又是一个开始，又是一个终了。

在这一个个过程中，会有开始时的期望和喜悦，接着会有很多困难和挫折，然后更多的时候可能是你一再努力，但却无法看到成功的曙光。这时候正是"胜利女神"考验你的时候，就看你有没有毅力坚持，有没有勇气战胜困难。如果你能继续坚持到最后，坚持自己的梦想毫不动摇，让自己脑子中的成功意识继续发挥吸引力，并勤奋努力，那么毫无疑问成功将属于你。

可以说，在走向成功的路上，没有任何东西能代替毅力。热情不能代替毅力，有一时热情的人往往在最后一步退缩，这已屡见不鲜；聪明也代替不了毅力，因为世上失败的聪明人太多了。而毅力却可以让你的力量随着时间的发展而强大，以至无可抵抗。

这也就是为什么很多资质平平、看上去并不那么聪明的人最后却成为成功者的原因。道理很简单：那些看似愚钝的人有一种顽强的毅力，一种在任何情况下都坚若磐石的决心，他们很少受周围环境的诱惑，也不偏离自己最初的成长轨道。能够把一件事坚持做下去，就是所有成功者共同拥有的积极心态。

塞利格曼效应——挫折，是成功的附属品

➤ 我们都是被电击的"狗"

塞利格曼效应来源于心理学家塞利格曼和梅尔用一只狗做的实验：

> 实验中，心理学家把一直狗关在一个笼子中，只要铃声一响，就给狗以难受的电击。多次这样实验以后，心理学家改变了实验条件，他们在电击狗之前先将笼门打开。结果却发现，铃声响起后，狗不但不从笼门逃出，反而不待电击出现就倒在地上痛苦地呻吟和颤抖。本来已经可以逃避电击的狗却在笼中绝望地等待痛苦的来临。

在心理学上，这种现象称为"习惯性无助"，又叫塞利格曼效应。

那么容易逃脱的环境，它却连试都不去试一下，为什么？这是因为它在实验的第一阶段认识到电击终止都是在实验者掌控之下的，自己没有能力改变这种外界的控制，无论做什么都不能控制电击的终止，从而学到了一种无助感，并且把这种无助感变成了自己的一种习惯行为。

其实，我们人也一样。在现实生活中，我们经常会发现那些常常遭遇失败或受挫的人，或多或少会有一些习惯性无助的特征，因为当他们发现无论如何努力都没有希望，或者无法控制局面的时候，他们就万念俱灰，选择放弃。这个实验在心理学界引起了相当大的反响。由"习惯性无助"而产生的绝望、抑郁、意志消沉，正是很多心理和行为问题产生的根源。

➡ 有一种知识，除了挫折你无处可得

在我们每个人的一生中，挫折、困难甚至绝境都是避免不了的，没有人能够一帆风顺，命运总是在我们的道路上设下障碍，让我们去经历种种挫折与苦难。有的人轻易地转身离开了，有的人犹豫了半天最终也放弃了，这些人都是各种各样的失败者。然而，还有一部分人，他们反而成功了。

看到这些人，也许你会说他们是"运气好"，但其实并不是你想的那样。他们的成功之处，恰恰在于他们将种种挫折看作一种幸运。

一位教授把一个毕业班学生的成绩打了个不及格，这件事对那个学生打击很大。因为他早已做好毕业后的各种计划，现在却不得不取消，真的很难堪。如今，摆在他面前的只有两条路可走：第一是重修，下年度毕业时才拿到学位。第二是不要学位，一走了之。

抱着一线希望，学生找到了这位教授，希望可以通融一下。在知道不能更改后，他大发脾气，向教授发泄了一气。

教授等待他平静下来后，对他说："你说的大部分都很对，确实有许多知名人物几乎不知道这一科的内容。你将来很可能不用这门知识就获得成功，你也可能一辈子都用不到这门课程里的知识，但是你对这门课的态度却对你大有影响。"

"你是什么意思？"这个学生问道。

教授回答说："我能不能给你一条建议呢？我知道你相当失望，我了解你的感觉，我也不会怪你。但是请你用积极的态度来面对这件事吧。这一课非常非常重要，如果不由衷地培养积极的心态，根本做不成任何事情。请你记住这个教

训，五年以后就会知道，它是使你收获最大的一个教训。"

后来，这个学生又重修了这门功课，而且成绩非常优异。

离开之前，他特地向这位教授致谢，并非常感激那场争论。"那次不及格真的使我受益无穷。"他说。"看起来可能有点奇怪，我甚至庆幸那次没有通过。因为我经历了挫折，并尝到了成功的滋味。"

事实上，我们每个人都应该感谢挫折。你所经历的每一次不幸，都可能成为你在品格和秉性上实现飞跃的机遇。没有在逆境中的奋斗与磨炼，就很难让自己获得更大的进步，也难以让自己的生命焕发光彩。从挫折中走出来的人，会更加成熟，更加自信，意志力也更强大。这样，当我们以后再次面对挫折和逆境时，也更容易扛过去。

正如我们所知，金子只有经过大火的锤打冶炼才能熠熠生辉；宝石只有经过溶岩的冶炼才能成就夺目光芒；珍珠只有经过血与肉的痛苦磨合才能拥有晶莹圆润；在最黑的土地上总是生长着最娇艳的花朵，而那些最伟岸挺拔的树也总是在最陡峭的岩石中扎根，昂首向天。其实人与金子、宝石、珍珠、花朵、树木都是一样的——只有在人生的道路上经历挫折，正视挫折，在挫折中成长，才能最终迈向成功。

➡ 乐观是扭转不利的有效工具

任何人碰到失败的时候，很自然地会产生绝望感。至于能否解除这种绝望感，对于未来的前途，将发生极大的影响。

对此，美国宾州大学心理学教授马丁·沙里曼有重大发现：对保险公司业务员的业绩来说，一些乐观测试成绩高的业务员比悲观型的业务员第一年超出21%，第二年超出57%。原因是，乐观的人与悲观的人在遇到同样的挑战和失意时，各自采取的处理方式是截然不同的。在一次次拒绝后，悲观的人可能在心里告诉自己："这一行我干不了，一张保单也别想卖出去。"而乐观的人会告诫自己："可能我的方法不对。""不过碰到一个情绪不佳的客户。"……

遇上不幸，他人放弃了，你还是乐观地面对；他人后退了，你还是积极地向前，眼前没有光明、希望，你还是不懈努力，找寻新的起点，这就你人生最大的成功。

有一个年轻的电台播音员在崭露头角的时候，突然被电台解雇。他当然懊恼万分，可是他回家时，却兴高采烈地对他的妻子宣布："亲爱的，这下子我有机会开创自己的事业了。"

他不仅是这样想的，也是这样做的。他自己做了一档节目，后来证明这是一次成功的出击，他变成了20世纪五六十年代美国家喻户晓的电视红星——亚特·林克勒特。

在面临巨大打击和失落的心理落差时，精神的力量是最重要的，要把眼前的不幸当作一个新的起点，人在厄运面前昂首向前，厄运终会在你面前跌倒，而成功将会出现。

当然，也有很多人不是不想自己乐观起来，很多人是不知道怎样才能乐观起来。

乐观，不是要你在发生事情时漫不经心地去面对，而是要你从正面去接受现实，要你从不同角度去看待事情。曾见到一家卖甜圈的商店面前见到的一块招牌，上面写着："乐观者和悲观者的差别十分微妙：乐观者看到的是甜甜圈，而悲观者看到的则是甜甜圈中间的小小空洞。"这个短短的幽默句子，透露了心态的本质。事实上，人们眼睛见到的，往往不是事物的全貌，只看见自己想寻求的东西。乐观者和悲观者各自寻求的东西不同，因而对同样的事物，就采取两种不同的态度。

事实上，从某种意义上来说，乐观的思维方式，其实也是一种可以改变和培养的习惯性思维。悲观者要想走出悲观思维陷阱，可以尝试进行一些乐观精神的自我训练，久而久之，就一定可以乐观起来：

1. 利用镜子技巧，使你脸上露出一个很开心的笑脸来，挺起胸膛，深吸一口气，然后唱一小段歌，如果不能唱，就吹口哨，若是你不会吹口哨，就哼哼歌，记住自己快乐的表情。

2. 坚持微笑待人。俗话说："笑一笑，十年少"。笑可以使肺部扩张，促进血液循环。

3. 学习运用幽默。幽默是能在生活中发现快乐的特殊的情绪表现，可以从容应付许多令人不快、烦恼，甚至痛苦、悲哀的事情。

4. 用欢乐促进人际关系，在寝室就寝前讲几段笑话或提议回顾小品、相声的片段。

5. 忘却不愉快的经历和事情。培养广泛兴趣，既充实生活，保持心情愉快，也可以作为化解紧张情绪的手段。

6. 多参加有益的文体活动。培养活泼进取、开朗、积极参予的生活态度，在平凡稳定的生活中创造追求的源泉，谱写快乐的人生。

7. 对环境和他人不要提出不切实际的非分要求，告诉自己快乐的核心是自我满足。

8. 当别人试图激怒你时，自我暗示："我是一个豁达的人，一个胸如大海的人。"

9. 制定座右铭。每当紧张出现时，想起自己的座右铭，如"我是一个冷静的人"，然后进行自我放松。

10. 假如有疾病产生，告诉自己人生不以绝对时间长短论好坏，而以质量论高低。快乐地过一天比烦恼地过一年都有意义。

跳蚤效应——失败，不过是被放弃的成功罢了

➡ "爬蚤"是怎么炼成的

"跳蚤效应"来源于一个有趣的生物学实验：

> 往玻璃杯中加入一只跳蚤，跳蚤很轻易地跳了出来。再把这只跳蚤放入加盖的玻璃杯中，结果跳蚤一次次跳起，一次次被撞。最后，这只跳蚤变得聪明起来，它开始根据盖子的高度来调整自己所跳的高度。一周之后取下盖子，而跳蚤却再也跳不出来了。
>
> 生物学家把跳蚤放在桌上，一拍桌子，跳蚤迅即跳起，跳起高度均在其身高的100倍以上，堪称世界上跳得最高的动物！然后，它们在跳蚤头上罩一个玻璃罩，再让它跳。这一次跳蚤碰到了玻璃罩。连续多次后，这只跳蚤变得"聪明"起来，它改变了起跳高度以适应环境，每次跳跃总保持在罩顶以下高度。接下来，生物学家逐渐改变玻璃罩的高度，跳蚤都在碰壁后主动改变自己的高度。当玻璃罩接近桌面时，跳蚤已无法再跳了。最后，当生物学家把玻璃罩打开，再拍桌子时，跳蚤竟然不会跳，变成"爬蚤"了。

你知道跳蚤为什么会变成"爬蚤"吗？道理很简单，跳蚤调

节了自己跳的目标高度，而且适应了它，不再改变。它并非丧失了跳跃的能力，而是由于一次次受挫学乖了，习惯了，麻木了。

人有些时候也是这样。很多人不敢去追求梦想，不是追不到，而是因为多次的挫折让他们失去了"再试一次"的勇气，行动的欲望和潜能被自己扼杀了。

➡ 大人物也只是屡败屡战的小人物而已

几乎每一个人都习惯性地期望自己的人生可以一帆风顺，但事实上，这是不可能的，如果纵观人类的成长过程，其实更像是一次"跳蚤实验"：经历一次又一次的打击，也一次又一次和命运抗争。

当这些抗争都失败以后，许多人渐渐顺从了命运，渐渐地失去了和命运抗争的勇气，渐渐地连抗争的想法都没有了，以至于我们有能力击败命运时，却依然颓丧地安于命运的摆布，不敢再去尝试。

如果不想继续做一只蹦不起来的跳蚤，现在，我们所需要做的就是再一次的努力，撞破"盖子"，将一切不可能化为可能，不做命运的奴隶。也许就在这一次，成功就会走向你。

1863年冬天的一个清晨，凡尔纳刚吃过早饭，正准备到邮局去，突然听到一阵敲门声。凡尔纳开门一看原来是一个邮政工人。工人把一包鼓鼓囊囊的邮件递到了他的手中。一看到这样的邮件，凡尔纳就预感到不妙。自从他几个月前把他的第一部科幻小说《乘气球五周记》寄到各地出版社后，收到这样的邮件已经有14次了。他怀着忐忑不安的心情拆开一看，上面写道："凡尔纳先生：尊稿经我们审读后，不拟刊用，特此奉还。某某出版社。"每看到这样一封退稿信，凡尔纳都是心里一阵绞痛。这次是第15次了，还是未被采用。

凡尔纳此时已气馁，那些出版社的"老爷"是如何看不起无名作者。他愤怒地发誓，从此再也不写了。

他拿起手稿向壁炉走去，准备把这些稿子付之一炬。凡尔纳的妻子赶过来，一把抢过手稿紧紧抱在胸前。此时的凡尔纳余怒未息，说什么也要把稿子烧掉。他妻子急中生智，满怀关切地安慰丈夫："亲爱的，不要灰心，再试一次吧，也许这次能遇上好运的。"听了这句话以后，凡尔纳抢夺手稿的手慢慢放下了。他沉默了好一会儿，决定接受妻子的劝告，抱起这一大包手稿到第16家出版社去碰运气。

这次没有落空，读完手稿后，这家出版社立即决定出版此书，并与凡尔纳签订了20年的出书合同。

如何对待一次次的失败，就是衡量一个人最终是否能从渺小走向伟大、走向成功的重要标志。正如作家克里斯多夫摩雷所说的："大人物只是屡败屡战的小人物而已。"

然而，很多时候，我们欠缺的就是这第16次的努力。外界(包括家庭)太多的批评、打击和挫折，让我们失去了奋发向上的热情，既对失败惶恐不安，又对失败习以为常，丧失了信心和勇气，渐渐养成了惰弱、狭隘、自卑、孤僻、害怕承担责任、不思进取、不敢拼搏的缺点。假使你想成就生命的伟大，求得自我的充分发展，就必须给自己再试一次的勇气。

有一句话说得好："上帝只拯救能够自救的人。"成功也属于愿意成功的人。成功有明确的方向和目的。如果你不愿成功，谁拿你都没办法；你自己不行动，上帝也帮不了你。如果你失败了，请给自己再一次的机会。只有坚持去追求成功，才有成功的可能。

➡ 准备好，打一场与自己的战斗

跳蚤变成"爬蚤"，最根本的原因就是"自我限制"。我们常说的"人最大的敌人是自己"，其实也是这个道理：许多人之所以没有取得更大的成就，很多时候并不是因为他水平不够，很可能只是因为他们不够自信，不够相信自己，在追求成功的道路上他们首先被自己的不自信束缚住了手脚，所以他们不能正确地估计自己，不能相信自己也能做出非凡的事情。这是实情，而且这是严重的事实——我们只把自己束缚在我们自我期望的范围以内。

如果你想拥有你所向往的人生，就请先与自己战斗——打破你为自己设置的那些思维樊笼。因为能不能做出更出色的事情首先需要我们有足够自信，敢去想，敢去做，只有这样一切才有可能。任何事物，假使你想能够，就能够，假使你想不能够，就不能够。

思维樊笼一："别人会怎样想"。有的时候，当你想做一件事情的时候，首先想到的不是成功，而是先想到如果失败了"别人将会怎么看？"这是一种最普遍而且最具自我毁灭性的心理状态。这种"别人"式的想法是一种强而大的樊笼。它不仅会伤害你的创造力和人格，还有可能把你原有的能力破坏殆尽，使你永远只停留在原地。这里给你推荐一种简单易行的方法，为摆脱这种"别人"式的思维樊笼，你不妨想一想，首先你要清楚"别人"并不是"先知先觉"，他们往往都是"事后诸葛亮"。然后要送给自己一句话并时刻的提醒自己：走自己的路，让别人去说吧！不要管别人会怎么去想，怎么去说。

思维樊笼二："已为时太晚"。人的一生要经历许多的成功与失败，并不是说成功者就不会失败，就没有失败过，往往是越成功的人，他们所经历的失败是最多的。并且成功没有时间的先后，只要奔着自己的目标努力，无论成功的大小都会有所回报的。然而，许多失败者失败后就觉得在重新拼搏来过就太晚了，无法再创业了，于是对自己的未来完全妥协，逆来顺受地熬日子。为了打破这种"为时太晚"的思维樊笼，这里给你一个建议，看看那些社会上的活跃人物，不去理会年龄的限制，并下定决心，不断奋斗，所谓"春蚕到死丝方尽，蜡炬成灰泪始干"，成功与年龄无关，重新开始永远为时不晚。

思维樊笼三："一直在失败"。有这么一群人，他们害怕再次尝试，因为他们曾经失败过，受创很深，所谓"一朝被蛇咬，千年怕井绳"。但是，如果你能将真正的理解"失败是成功之母"的话，那你就不会害怕失败。而如果你把失败看成是成功路上所要学习的一笔财富的话，那么你就不会被失败所打倒。面对这种类型的樊笼，正确的解决方法是，你完全不必把"过去的错误"看得太重。其实那根本不能算作失败，只能算是受教育，它能教会你许多事情，使你更加成熟。

思维樊笼四："注定会失败"。这是一种非常普遍的心理。一旦失败，便将自己初始的动机统统的扼杀。他们不断重复着说："早知如此，何必当初！"他们因此把自己看得渺小，无法真正透彻地看清自己。为了走出"注定会失败"的思维樊笼，你不妨保持积极的态度。切莫在不经意中将自己的创新意识抛弃。只要想着"我将要成功"而不是"会失败"；"我是一个胜利者"而非"一个失败者"。

打破思维的樊笼，摆脱观念的桎梏，寻找一切能助你前进的方法，你会惊喜地发现，当你能够左右自己心灵的时候，你同样也能左右自己的行动，从而达到目的，拥有属于自己的一片天空。

第三章

做事有方法：瞎忙，其实是大脑在偷懒

忙碌，作为当代人生存之常态，体现在不同人身上，其意义是不同的。没有目标、不讲方法的忙碌，只能叫瞎忙；带着脑子去做事，才会忙中不盲，不误事也就有收获。

1 高效能人士的智慧：让你忙的更有价值

倒U形假说——恰到好处的压力就是最好的动力

➥ 倒U形假说的来源

倒U形假说，是由英国心理学家耶克斯和他的学生多德森提出的。当一个人处于轻度兴奋时，能把工作做得最好。当一个人一点儿兴奋都没有时，也就没有做好工作的动力了；相应地，当一个人处于极度兴奋时，随之而来的压力可能会使他完不成本该完成的工作。

世界网坛名将贝克尔之所以被称为常胜将军，其秘诀之一就是在比赛中自始至终防止过度兴奋，保持一种轻松而不放松的心态。所以，也有人将倒U形假说称为"贝克尔境界"。贝克尔境界其实就是人们常说的"度"，中国人有"过犹不及""把握分寸"等类似的说法。

法国心理学家齐加尼克曾做过一个实验对这个假说进行求证：齐加尼克把自愿受试者分为两组，让他们去完成20项工作。其间，齐加尼克对一组受试者进行干预，使他们无法继续工作而未能完成任务，而对另一组则让他们顺利完成全部工作。

实验结果显示：虽然所有受试者接受任务时都显现出一种紧张状态，但顺利完成任务者，紧张状态随之消失；而未能完成任务者，紧张状态持续存在，他们的思绪总是被那些未能完成的工作困扰，心理上的紧张压力难以消失。

倒U形假说给我们的启示是：良性的压力会驱使人们工作更加卖力，把事情做得更好。而负面的压力或压力过重则会带来不良影响。

➡ 压力，是破坏力，也是原动力

我们都知道，亚健康的来源大部分就是压力，因此，说到压力，我们常常听到有许多人总是抱怨，压力要把他们逼疯了，沉重的压力使他们快要崩溃。

这种说法显然有失偏颇。其实，压力带给人的感觉不仅仅是痛苦和沉重，它也能激发人的斗志和内在的激情，使你兴奋，使你的潜能被开发。例如：问及任何一个作家或艺术家关于灵感的产生过程时，他们常常会告诉你，自己最好的作品往往都是经历了各种痛苦、挫折之后才创作出来的。压力往往先于或者伴随着创造性的突破而产生。

还有这样一个故事：

> 一次马拉松比赛时，冠军是一位名不见经传的年轻人。他是第一次参加马拉松，而且打破了世界纪录。因此，当他冲过终点时，许多记者蜂拥而上，不断地问："你怎么会有这样好的成绩？"
>
> 年轻的选手气喘吁吁地回答："因为，我身后有一匹狼！"听他这么一说，所有的人全都惊恐地回头张望。当然，他身后没有什么可怕的东西啊！这时，他继续说："三年前，我在一座山林间，训练自己长跑的耐力。每天凌晨，教练就叫我起床练习，但是，即使我尽了全力练习，却一直都没有

进步。"

年轻人这时停下脚步，坐在地上继续说："有一天清晨，在训练的途中，我忽然听见身后传来狼的叫声，刚开始声音很遥远，但是没几秒钟的时间，就已经来到我的身后，当时我吓得不敢回头，只知道逃命要紧。于是，我头也不回地往前跑，而那天我的速度居然突破了！"年轻人停下来，喝了一口水后，说："教练当时对我说：'原来不是你不行，而是你身后少了一匹狼！'我这才知道，原来根本没有狼，那是教练伪装出来的。从那次之后，只要练习时，我都会想象自己身后有一匹狼正在追赶，包括今天比赛的时候，那匹狼依然追赶着我！"

这匹狼，其实就是压力。即使它会让你伴随着负面的情绪，如害怕、紧张、烦躁等等，但只要你在压力来临的时候不畏惧，不逃避，不迷惑，相信自己并绞尽脑汁去思考转危为安的方法，那么，它就能激发出人强大的精神力量。

要知道，人身上有无限的潜能，在没有压力的时候，它在心中深怀不露，而一旦受到外界压力的刺激，它就会喷发出来，使你显现出超凡的智慧和能力。所以，在你能承受的情况下，还是欢迎压力的"欺压"吧。

➡ 在脑子里装一个"调压阀"

当然，想要完成压力与动力之间的转换，还需要你掌握好压力的强度。当你没有了激情，生活懒懒散散，那就给自己加压；当你感到压力使你身心疲惫时，你就要进行纾解。

例如，你可能从事编辑工作，并且以专业杂志的主编为奋斗目标。可是，初到杂志社，你或许只能做一些校对等相对简单的工作。不要气馁，做好这些简单工作，上司就会看到你的耐心、细心与恒心，这样你才会逐渐得到上司的认可，朝记者的方向发展。而等记者的工作熟练后，就要以版面编辑的标准来严格要求自己，不断地主动给自己施加压力，这样才能最终完成从记者到主编的转变。只有不断给自己压力和危机感，才能不断发掘潜在的能量，从而一步一个台阶，迈上人生的巅峰。

但如果你压力过大反而会起到负面作用。例如：你初出茅庐却非要做高级编辑的工作，即使上司勉强同意交给你负责了，也会戴着有色眼镜去关注你的工作进展。本来人出点差错都是难免的。但是，当你处于一个较高的位置时，你的差错就会被放大，再加上任务的压力会让你晕头转向，你很快就会因为能力有限而无法胜任这个工作。结果，你也就很容易地丧失自信和前进的动力。

所以，掌握好节奏，把握好压力的"度"，永远让自己处于不温不火的半兴奋状态，循序渐进地前进才是正确的做法。

升压：逼自己一把

如果要问一个人的能力极限在哪里？恐怕没人能答的上来。因为人们有着一种特殊的能力——潜能。潜能就像一座无限大的"宝藏"，电脑可能会遇到硬盘已满的情况，而人脑绝对不会。你可以不断地向前推进你的极限，从而达到更高的层次。正如科学家所说：如果人类发挥出其一小半潜能，就可以轻易学会40种语言，学会数十所大学的课程，记忆整套百科全书，获12个博士学位……而要想实现由潜能到显能的转化，我们就必须克服人类本能的惰性，学会自我鞭策和当头棒喝式的促动。

这也就是我们常说的"逼自己一把"。逼自己，就是战胜自己，必须比自己的过去更新；逼自己，就是超越竞争，必须比别人更新。别人想不到，我要想到；别人不敢想，我敢想；别人不敢做，我来做；别人认为做不到，我一定要做到。

古语就曾有"置之死地而后生""破釜沉舟"等说法，讲的就是事情往往到了最后关头才有转机，当事者才不得不冷静下来，绞尽脑汁去思考转危为安的方法。著名科学家贝弗里奇也说："人们最出色的工作往往是在逆境中做出的，思想上的压力，甚至肉体上的痛苦，都可能成为精神上的兴奋剂。很多作家、画家平时灵感难寻，只有在交稿时间非常迫近造成的压力下，大脑里才容易涌现出灵感。"不逼自己一把，你永远不知道自己有多优秀！

降压：适度地发泄

任何情绪在未被承认和接受之前，人的生理反应与大脑思维之间一直在争吵，身体要求我们释放压力，而大脑则将所有事情封存起来。"一定要理智。"这是大脑常说的一句话，像个学究一样孜孜不倦。

然而，压力这种东西，可以通过别的途径转移，却不会被直接消灭，你千方百计压抑、克制的压力最后都会成为隐藏在心理深处的"暗流"。如果高筑心理的堤坝，防止它们外流，这势必使人在心理深处与外界日益隔绝，造成精神的忧郁、孤独、苦闷和窒息；或者这股暗流要冲破心理的堤坝，使人显现一种变态的行为，甚至导致精神失常。

有一句众所周知的话：堵塞不如疏导。所谓的疏导，就是情绪的宣泄。当然我们要强调的是，一定要采取对其他人无害的方式。己所不欲，勿施于人，如果把自己的宣泄建立在别人的痛苦之上，是不道德的。而无害的宣泄方式有很多，除了写信，记日记，还可以通过放声痛哭、谈心、打电话、击沙袋等，把胸中郁积的各种压力都统统发泄出来。这样，它们也就烟消云散了。

总之，在脑子里装个"调压阀"，才能赋予我们的生命以更新颖的意义，才能让潜力发挥到极致，而我们的世界也会因此而精彩绝伦。

套裁效应——没有一分一秒是微不足道的

➤ 华罗庚的统筹方法

套裁，是一种服装裁剪工艺，指的是在一块布料上裁制两件以上的服装时，需要做合理的安排，以尽量减少废料。将这一思维模式用在解决实际问题的过程中，就是要学会统筹兼顾，恰当处理各种矛盾，以求得到最合理的收益。这就是"套裁效应"。

华罗庚1964年写的《统筹方法平话》应该有很多人记得，里面有一个很经典的例子是这样的：

有一个人为了招待朋友，准备烧水泡茶。这个工作有5道工序：烧开水、洗茶壶、洗茶杯、拿茶叶、沏茶。各道工序用时分别是：烧开水15分钟、洗茶壶2分钟、洗茶杯1分钟、拿茶叶1分钟、沏茶1分钟。

第一种方法：

第一步：烧水；第二步：水烧开后，洗茶壶、茶杯；第三步：沏茶。

第二种方法：

第一步：烧水；第二步：烧水过程中，洗茶壶、洗茶杯、拿茶叶；第三步：水烧开后沏茶。

结果：用第一种方法所花的时间为20分钟，用第二种方法所花的时间仅为16分钟。

其实这就是对时间的"套裁"。一样的条件，运用的方案不同，取得的效果可以相差几倍，甚至几十倍。

这一系统思维对于指导我们的生活和工作都有着十分重要的意义。面对许多要完成的任务，若不想焦头烂额、分身乏术，便要树立起全局观念，将所要做的事情都安排到一个合理的系统当中去，而不是过分拘泥于每一个细节。当我们能用全面的观点看问题，做到统筹兼顾时，才有可能在有限的时间内取得更多的效用。

➡ 合理安排事情主次

我们都知道，在任何事物发展的不同阶段，都有一个主要矛盾。这个主要矛盾对事物发展起决定作用，并规定或影响其存在与发展。次要矛盾也会影响主要矛盾的发展和解决，但其影响却受到主要矛盾发展的制约。所以，我们一定善于抓住重点，牵牛鼻子，集中力量解决主要矛盾，同时又学会统筹兼顾，恰当地处理次要矛盾。

法国著名作家格雷就曾写过这样一篇小品文，题目叫作《成功的公分母》，他将自己毕生的时间和精力，都花在了探索那些善于营销自己的人成功经验的取得上。

他发现这些人在营销自己这方面之所以能取得很大成功，不是因为勤奋地工作、好运气或精明的人际关系（虽然这些也都是非常重要的），而是一个似乎超过所有其他因素的因素——把重要而紧急的事放在首位。

这一发现要求我们把每天所要做的事情按重要性进行如下的排序：

优先：重要又紧急的事

和所有其他事情比起来，这些事情都更为重要（比如救火、抢险等）——必须第一时间着手处理。

次优先：重要但不紧急的事

大多数真正重要的事情，都不是很急的（比如学习、做计划、与人谈心、体检等）——只要没有前一类事的压力，应该当成紧急的事去做，而不是拖延。

第三位：紧急但不重要的事

表面上看来，这类事务是需要立即采取行动的（比如有人因为打麻将"三缺一"而紧急约你、有人突然打电话请吃饭等）——只有在优先考虑了重要的事情后，再来考虑这类事。人们常犯的毛病是把"紧急"当成优先原则，而不是把"重要"当成优先原则。其实，许多看似很紧急的事，拖一拖，甚至不办，也无关大局。

第四位：既不紧急也不重要的事

许多人误以为，既不紧急也不重要的事往往占用的时间和精力较少（比如想玩会游戏、想让晋升的朋友请吃饭等事情），干脆早点完成，好做那些重要的事情。实际上，这是本末倒置——还是有闲工夫再说吧。

一般情况下，如果一个人能这样做事情，那么他一定是一位高效率人士。

▶▶ 妥善利用零碎时间

所谓零碎时间，是指不连续的时间或两个事务衔接时的空余时间。这样的时间很短，因此往往被人们忽略过去。但如果你可以日复一日地积累起来，其总和将是相当可观的。

凡在事业上有所成就的人，几乎都是能巧妙利用零碎时间的人。

宋代文学家欧阳修就曾说过这样一句话："余平时所做文章，多在三上，乃马上、枕上、厕上也。"

生物学家达尔文也说过："我从来不认为半小时是微不足道的一段时间。"

诺贝尔奖金获得者雷曼的体会更加深刻，他说："每天不浪费剩余的那一点时间。即使只有五六分钟，如果利用起来，也一样可以产生很大的价值。"

伟大的物理学家爱因斯坦也是一位利用零碎时间的高手。他的朋友曾经讲过这样一个故事：1934年的一天，有一位朋友从柏林来看望爱因斯坦。天下着蒙蒙细雨，路上几乎没有行人，朋友看见爱因斯坦在桥上慢慢地来回踱步，低头沉思。只见他毫不理会清风细雨，手拿铅笔，不时在一张纸上写着什么东西。朋友走上前去问："您在这干什么呢？"爱因斯坦说："我应约在等一个学生，但他迟到了。"朋友有些生气地说："现在的学生怎么能这样呢？您一定很无聊吧？"爱因斯坦摇了摇头说："不，我过得很有意思。刚才，我有了一个出色的想法。"说完这句话，爱因斯坦小心翼翼地把被雨淋湿的小字条叠好，放进背心口袋。大多数人遇到这种情况，往往会抱怨他人浪费了自己的时间。但是，爱因斯坦却能利用等人的时间，使零碎时间发挥大用处。

把时间积零为整，精心使用，这正是古今中外很多成功者取得辉煌成就的妙招之一，也是我们应该从他们身上学到的优点之一。

极小限主义——扔掉琐碎才会发现自我

➡ 断、舍、离

"极小限主义"，其实就是我们常说的"断、舍、离"。意思是舍弃一切可有可无的东西，只保留极小限的生活用品。

这是一种积极的生活理念，因为东西越多，人就越是容易陷入"必须要管理"的状态，就总会逼着自己去收拾。可是人一旦忙了起来，就怎么收拾都收拾不完，最后导致物品四处泛滥的状态。说到底，要认真地实施断舍离，就得扔掉不需的东西，只留下筛选后的真正符合自己需要的东西。选择了适合自己的东西后就物尽其用，发挥该物的最大利用率。

这其实也可以作为一种工作理念来指导我们做事。寻找出自己真正需要的、对自己有最大用处的东西，不要让用处不大的东西占用自己太多的成本和精力。这对于提高我们的工作效率有重大意义。

➡ 对于东西：减少+有条理归置

很多人都会把时间和精力浪费在找东西和回想中，对于自己常用的东西，他们总是随手一放，对于最近急需完成的事，他们也常常遗忘。这样，一部分时间就浪费在查找丢失的东西上了。更糟糕的是，随意放置的东西随时会吸引你的注意力。当你在做某项工作的时候，你的视线也许会在不知不觉中被别人送你的小纪念品、钟表或者全家福照片而吸引。等你回过神来的时候，你又不得不从头思索你刚才正在做的工作或者写的文书。

要避免这种情况浪费我们的时间，最好的办法就是平常减少东西，有条理地收拾、放置东西，尤其是在办公室里。

1.对过期的文件加以清理存放

没有必要将办公室的文件柜都塞得满满的。给文件柜"瘦身"——对过期文件加以清理存放。如果一个文件你在过去12个月里都没有找来看过，那么它就在此列。这项工作耗时不多，但可谓一举两得：既节约了时间又腾出了空间。

2.在伸手可及的范围内只保留最为常用的东西

随便看看你就会发现，办公室里很少使用的东西数量惊人。过期的文件、不用的信笺、从来不开的台灯……不一而足。在伸手可及的范围内只保留最为常用的东西，将那些不是每天都要用的东西移出视线之外。

3.扔掉不再需要的过期阅读材料

你可能保存着不少不再需要的过期的阅读材料，那么请在清理办公室杂物时将它们扔掉。如果担心会丢掉重要的文章，在扔掉它们之前浏览一下目录，将真正需要的文章剪下来。不要用太多的空间来存放它们，这样能够缩短你阅读和清理的周期。

4.充分利用每一寸办公空间

如果办公场所狭小，就要想办法充分利用每一寸空间。可以将架子安到墙上，桌子下面可以用来放文件或电脑主机。如果桌上要摆传真机、复印机、打印机等多种办公设备，可以考虑购买一台多功能一体机。

➡ 对于人：该拒绝的拒绝

不要让太多东西占据你的时间，更不要为了他人无礼的请求浪费你的精力。

这其实也正与比林定律的含义不谋而合。美国幽默作家比林说："一生中的麻烦有一半是由于太快说'是'，太慢说'不'造成的。"确实，生活中，我们就是因为"不好意思"，才常常把大好时光，甚至是工作时间耗在一些无聊的事情上。只有懂得适时地向他人说"不"的人，才会把自己从许多无聊的事情中解脱出来，高效地完成工作，也能去过自己想过的生活。

但是，拒绝别人，并不是一件容易的事，因为在人性的弱点中，有本能地排斥说"不"的心理，不管是出于爱面子还是怕得罪人的心理，在别人提出一些要求或者请求帮助的时候，即使自己很忙或者力有不逮，也往往要勉为其力，那个"不"字就是说不出口。

可是，你应该明白，即使你从不对周围的人说"不"，你也不一定就能赢得所有人的心。相反，如果你不好意思说"NO"，轻易承诺了自己无法履行的事情，还会把自己引入一个人际关系的旋涡之中，尤其是在职场中，不但不会提高你的工作业绩，甚至会影响到你的工作效率，严重时还可能会丢了饭碗。

所以，请把这一理念植入你的大脑：该帮忙的时候一定要伸出援手，不该帮忙的时候也一定要勇敢拒绝。

其实，很多时候，如果你向对方说明你的客观理由，包括自己的状况不允许、社会条件限制等。通常这些状况也是对方比较能认同的话，他们一定能理解你的苦衷，自然会自动放弃说服你，并觉得你拒绝得不无道理。

如果实在不好正面拒绝，也可以采取迂回的战术，转移话题也好，另有理由也好，主要是善于利用语气的转折——温和而坚持——绝不会答应，但也不致撕破脸。比如，先向对方表示同情，或给予赞美，然后再提出理由，加以拒绝。由于先前对方在心理上已因为你的同情使两人的距离拉近，所以对于你的拒绝也较能以"感同身受"的态度来接受。

另外，对于那些难以开口拒绝对方的"重症患者"来说，即使在心中演练了很多次该怎么说，一旦面对对方又下不了决心，总是无法启齿。这个时候，不妨利用身体语言，比如轻轻地摇摇头。摇头代表否定，别人一看你摇头，就会明白你的意思，之后你就不用再多说了。类似的身体语言还包括，采取身体倾斜的姿势、目光游移不定、频频看表、心不在焉等。

事实上，当你把拒绝演绎成为自己人格与个性的完美结合时，不但不会招致反感，反而会因此而得到他人的青睐与尊重。

② 你怎么还在路上：拖延是工作的最大敌人

兴趣定律——找乐趣，比使用任何工具都高效

➡ **你为什么讨厌剧透？**

有一部很受欢迎的侦探电影，需要看到最后才知道谁是凶手。有一个人花高价买了电影票，在包厢里观看。正看得投入时，服务生过来殷勤服务，这让他十分生气。

希望得到小费的服务生，反而得到了一顿训斥，为了报复他，服务生指着屏幕说：“看到那个花匠了吗？他就是凶手。”

结果，这个人沮丧至极，根本没法继续看下去了。因为他花费高价寻求的乐趣随着这一句话，一下子就化为乌有了。

这个故事其实就是对“兴趣定律”最直白的表述了。

兴趣，是个体力求积极探究某种事物或从事某种活动的意识倾向，是人对事物的真正关心，而不是表面的关心。它是推动人们去寻求知识和从事某种活动的一种精神力量，一种动力。相反，如果得不到它，就会在精神上陷入痛苦。破坏别人的兴趣，对人是一种精神上的打击。这也就是“剧透”（即在他人看完某个戏

剧作品之前，告诉其结果）为什么被那么多人讨厌的原因。

伟大的科学家爱因斯坦就曾说过："兴趣是最好的老师。"兴趣就是一切行动的动力和排除万难的决心所在。试想一下，一个不渴望得到面包和牛奶的人，会为了得到它们而付出辛苦的劳动吗？当然不会。只有当一个人对某件事情产生浓烈的兴趣和有强烈的达成愿望的动机时，他才会立即采取行动，并坚持下来，直到目标达成。

许多事业上取得成功的人都是依据一条真理来行动的。比如：毕业于哈佛大学的美国著名电影导演达伦·阿伦诺夫斯基有一次在哈佛的演讲中说："我尽力让我的生活没有遗憾，我尽力选择那些让我觉得充满乐趣、让我喜欢的道路，因为那样的路才是正确的。"

被称为"压力之父"的赛也博士就曾经说过："虽然我每天都要从早上五点一直工作到深夜，但我从来不认为这是一份工作。相反，我更觉得自己是在做一个十分有趣的游戏。因为我喜欢，所以它才给我带来那么多乐趣。"还有，著名的发明大王爱迪生在一生当中有两千多项创造发明，他用自己的发明为人类做出了巨大贡献。有人曾经质疑爱迪生如此拼命工作到底累不累，可是他却说："因为我喜欢做实验，所以我从来没有把它当成头痛的工作。"

可见，对那些因兴趣缺缺而拖延的人来说，一个最有效的药物就是"兴趣"。从事让自己觉得有乐趣的工作，这比使用任何工具都要来得高效。

➤ 把兴趣爱好和工作合二为一

人们对某种职业感兴趣，就会对该种职业活动表现出肯定的态度，在工作中调动整个心理活动的积极性，开拓进取，努力工作，有助于事业的成功。反之，强迫自己做自己不愿意做的工作，对时间、精力、才能都是一种浪费。例如：一个擅长技能操作的人，在技能操作领域得心应手，如果硬把他的兴趣转移到书本理论上来，他就会感到无用武之地，正是这种兴趣上的差异，构成人们选择职业的重要依据。

而要想将把兴趣爱好和工作合二为一：首先，你要弄清自己的真正兴趣所在。有些事情，我们看起来喜欢，但事实是，我们并非真正意义上的喜欢，喜欢只是自己的心血来潮，就好像爱一个人，没有相处前，把双方看成神，相处了才感觉"没有意思"。

其次，你还要明确兴趣不只是好玩。自己喜欢的事情也应该有其积极意义，我们要找出这个积极意义，为我们提供师出有名的支持。

再次，问问自己适合做什么。对喜欢的事情有了初步判断之后，我们可以问问自己究竟喜欢做什么，可以多举一些例子。

最后，慎重做出决定。进行前三项后，挑选出自己真正感兴趣的工作。并且，从此，你要做好认真努力、发奋图强的准备。

总之，不要勉强自己去从事不感兴趣的工作，不要贸然踏进一个自己不喜欢的行业，一切都要以你的兴趣和热爱为前提，因为你想做的事才是你真正的天赋所在，才是你人生的成功点，才是你生命的寄托和精神的家园。

➡ 从本不感兴趣的工作中找到乐趣

当然，很多时候，我们并不见得总能根据自己的兴趣随心所欲地做事。这时候，还有一个简单的解决途径，那就是——想办法喜欢上你现有的工作，把工作当成兴趣。其实工作与兴趣之间，往往只是一种一线之隔的心态。你尽可常常越过这条线，能消除这条界线，工作就会变成兴趣般轻松，而且久久不以为苦。

菲尔·格雷厄姆在美国的报业系统赫赫有名，并且一度成为美国最大的报业主。然而，谁能想到在商界取得如此成就的格雷厄姆，其实对经商并不感兴趣，真正让他愿意从事并觉得充满乐趣的是政治。

他曾在法院任职，当过美国最高法院大法官弗兰克福特的助手，参加过美国陆军航空队。然而，当他在自己的政途上走得兴趣盎然时，他的岳父却要他接手《华盛顿邮报》。面对老人的恳请，格雷厄姆不得不开始从事自己并不感兴趣的工作。但与大多数人不同的是，即使他并不认为这是一份有乐趣的工作，他也没有敷衍。他努力将自己对政治的热情转移到报业这一陌生领域中来，他努力地去寻找其中的乐趣。很快，他发现了其中的乐趣，他一头扎进报业的海洋中畅游，并取得了非凡的成就。

无疑，格雷厄姆的成功，正是因为他能够从本不感兴趣的工作中找到乐趣，并充满热情地投入其中，从而取得成就。爱上自己的工作，从工作中寻找乐趣，踏踏实实地学习自己所不具备的知识，才能对它有很高的热情，才能在工作中不断地提升自己，而不是在工作中浪费自己的青春。

➡ 学会心理调适，保持你的热情

现实生活中，还有相当一部分人刚开始时也很喜欢自己的工作，对工作也有很大的热情，但是随着时间的流逝，热情开始渐渐减退。于是工作就成了一件痛苦的事情，毫无乐趣可言，拖延恶习油然而生。其实，这就是职场心理疲劳。学会心理调适，降低心理疲劳的影响，就可以赶跑职场中的坏心情，让自己热情积极起来。下面是成功者给我们的一些建议：

张弛有度：你要学会合理安排好自己的生活，保证工作和生活能够张弛有度、劳逸结合。你可以约上三五好友，到一个幽静舒缓的氛围里释放自己的情感因子，或在书屋里静静地坐着看自己喜欢的书，或开展一项你感兴趣的体育活动，出去爬山、游泳等，让自己的身体得到最大程度的舒缓，让自己从工作中暂时地脱离一段时间，压力也就无法继续了。

适度倾诉：当我们成年之后，尤其是在经历了一些世事之后，在我们烦恼的时候可能并不需要别人讲太多的大道理，更多的时候，我们是希望心理上的郁闷与烦恼能够一吐为快。通过适度、恰当地倾诉，可以将工作中的压力逐步转化出去，你也可以从朋友那里获得支持和鼓励，重新唤起奋进的勇气与决心。

宽容自己：我们常常以为完美主义才是一种对人生、对工作负责的态度。实际上，人非圣贤，孰能无过。对自己多一份宽容，我们也能变得更加轻松。

变换眼光：实际上，如果换一种眼光去看周围的时候，比如在赶车上班的过程中，与其为那一个多小时的上班车程而忧心忡忡，倒不如把心思倾注于漂亮清晨的每一个细节之中。也许一阵清脆的鸟能让你心情愉快，刚刚盛开的花朵能使你倍感神清气爽，最后留一份好的心情带到你的工作中。

不仅如此，其实只要是能让工作变得不再枯燥的事情，你都可以试一试，或许只是一个小小的改变就能有意想不到的效果呢。

总之，做自己喜欢的事，你才能找到真正属于自己的人生殿堂；做自己喜欢做的事，也许你就能做到别人做不到的事。

彼得斯定律——不必万事俱备，干就完了

➡ 可悲的完美主义者

彼得斯定律，是由美国著名的管理学大师汤姆·彼得斯提出的，指为产品最后1%的完满性所做的努力，可能导致市场的丧失。

在这一定律中，其实包含着一个很重要的关键词——"完美主义"。我们追求着最后1%的完满性，总觉得"万事俱备"会降低我们做事的出错率。但实际上，过分追求完美的人与他们可能获得成功的机会恰恰成反比。

因为不管什么事，他们都考虑太多、过于谨慎，认为一定要事事完美才可以，这会给人带来莫大的焦虑、沮丧和压抑，也会导致他们迟迟无法行动起来，或者做很多不必要的工作，白白地浪费时间和精力，从而妨碍了他们全力以赴去取得成功。

甲要在客厅里钉一幅画，请邻居乙来帮忙。画已经在墙上扶好，正准备砸钉子，乙说："这样不好，最好钉两个木块，把画挂上面。"甲就遵从乙的意见，让他帮看去找木块。木块很快找来了，正要钉，乙说："等一等，木块有点大，最好能锯掉一点。"于是便四处去找锯子。找来锯子，还没有锯两下，"不行，这锯子太钝了。"他说。"得磨一磨。"他家有一把锉刀，锉刀拿来了，他又发现锉刀没有把柄。

为了给锉刀安把柄，他又去校园边上的一个灌木丛里寻找小树，要砍下小树。他又发现甲那把生满老锈的斧头实在是不能用。他又找来磨刀石，可为了固定住磨刀石必须得制作几根固定磨刀石的木条。为此他又到校外去找一位木匠，说他家有一个现成的。然而，这一走，就再也没见他来。当

然了，那幅画，还是甲自己用一个钉子把它钉在墙上。下午甲看见到乙的时候，是在街上，他正在帮木匠从一家五金商店里往外抬一台笨重的电锯。

故事中乙的思维方式就是典型的完美主义的思维方式，而这种思维方式只不过是"永远不可能做到"的代名词。他们往往在事情到来之时，总是先有积极的想法，然后头脑中就会冒出"我应该先……"，这样一来，他们的一只腿就陷入了"完美主义"的泥潭。一旦陷入，将顾虑重重，不知所措，无法定夺何时真正开始，时间一分一秒地浪费了，最终只有以懊悔面对仍悬而未决的事情。

事实上，任何事情没可能准备到完美。在有60%的把握的时候，若立即进入事情的主题，我们将会惊讶地发现，如果拿浪费在"万事俱备"上的时间和精力处理手中的事情，往往绰绰有余。而且，许多事情你若立即动手去做，就会感到快乐有趣，加大成功概率。

▶▶ 如何克服完美主义导致的拖延问题？

要克服因完美主义导致的拖延问题，你需要：

检查并调整目标

完美主义者往往对于所要完成的事情抱有非常高的期望值，这种高的期望很容易导致行为的受挫。此时，你需要看看自己是否将目标制定得太高，太不切实际了。如果是，就要进行调整，降低自己的期待，参考以往的成功经验，设定真实可完成的目标。如果有一个大目标，可以再将大目标分成几个连续的小目标，这样你的心情就会轻松自然，行事也会较有信心，感到自己更有创造力和更有成效。

改变面对失败的心态

完美主义者会把事情的失败和自我价值完全等同起来。因此往往在失败以后对自己不完美的表现过分沮丧，希望下次可以做到完美。可是越来越高的要求会导致下次失败之后，情绪更加难以控制。如果可以改变面对失败的心态，能够把每一次失败都当成一次成长的契机，充实和提升自我的手段，可以丰富和扩展我们的人生，那么我们就不再因害怕失败而裹足不前了。

学会自我鼓励

完美主义者最喜欢谴责自己而做不到激励自己。但自我厌弃换不来行动力，只会导致更严重的拖延。同时，谴责自己也会消耗我们大量的心理能量，带来更多的压力，让我们无力去自控，无法理性思考，也无法振作起来去克服拖延。相反，失败时候的自我激励，阶段性胜利时候的自我庆祝，却会帮助我们更好地战胜拖延，增加意志力和自控力。

抛弃过度虚荣

完美主义者为一项工作而努力的时候，会觉得："我这么优秀的人，应该怎样怎样？""结果应该怎样怎样？"……事实上，这样的想法是过度虚荣的，即把自己的自尊上升到了一个脱离实际的位置。你应该根据自己的实际情况，保持适当的自尊心，避免因为过于感性而让你的要求脱离了实际能力所能达到的范围。

先开始再说

如果什么事情，拖得你心烦又痛苦，立即行动，先开始再说。这一点尤其合适完美主义拖延人士。不要有任何的拖延，不要顾虑会产生什么样的不良后果，只要你还有时间、有精力，就必须身体力行。也许本来有其他人可以做得比较好，但在我们率先行动之前，他们或许连尝试的念头都未曾有过，或者他们愿意助我们一臂之力。还有另一种可能则是：由于付诸行动，反而使我们的准备更加周全，能力也获得增强，到了最后，竟变成最成功的人。

总之，你要知道，世界上没有哪个成功是通过周密的计划得来的，都是一步一步通过实践得来的。所以，我们不必等到准备完美无暇，也不必等到一切都安定平稳，才做自己想做的事。正如著名科幻小说家弗雷德里克·波洛所说，不要幻想自己一开始就写得很"精彩"，起码在头脑中，在还没有写到纸上之前是这样。你要是先把它写下来，然后，你就能有一个明确的东西，可供你去改写、去修正、去提高……先干起来吧！

帕金森时间定律——加上期限，紧迫感才会出来

➡ 设定时间期限真的很重要

英国历史学家、政治学家诺斯科特·帕金森经过多年的调查研究，发现：一个人做一件事所耗费的时间差别如此之大：他可以在10分钟内看完一份报纸，也可以看半天；一个忙人20分钟可以寄出一叠明信片，但一个无所事事的老太太为了给远方的外甥女寄张明信片，可以足足花一整天：找明信片一个钟头，寻眼镜一个钟头，查地址半个钟头，写问候的话一个钟头零一刻钟……特别是在工作中，工作会自动地膨胀，占满一个人所有可用的时间，如果时间充裕，他就会放慢工作节奏或是增添其他项目以便用掉所有的时间。

帕金森的结论是："一份工作所需要的资源与工作本身并没有太大的关系，一件事情被膨胀出来的重要性和复杂性，与完成

这件事怕花的时间成正比。"这就是著名的"帕金森时间定律"。

也就是说，你以为给自己很多很多的时间完成一件事就可以提高工作的质量，但实际情况并非如此，时间太多反而容易使你变得懒散，缺乏紧迫感，且效率低下。从这个意义上来说，为自己设定一个不可逾越的完成任务、实现目标的期限，是十分必要的。

➡ 方法一：制定一个时间表

经常拖延的人，之所以很难达成目标，往往是因为他们一直在忙着制订目标，而又不对完成目标的时间加以限制。比如说，要求自己"这件事必须要完成""我准备花1个月的时间完成这项新任务"等。由于缺乏时间期限，人感受不到完成这件事的紧迫性和重要性，所以事情被不断地搁置下来，悬而未决。

很久以前，哈佛商学院的一个行为问题调查组就曾经对一百名将毕业的大学生进行过一次抽样调查。

调查人员向每个人提出这个问题："二十年以后，你希望在什么地方，希望从事什么工作?"

这一百名即将毕业的学生人人都对调查员说，他们想发财、出名、经营大公司，或者从事能影响和主宰我们所生存的世界的重要工作。这似乎理所当然，因为哈佛大学历来即教育他们的学生，要出类拔萃，要保持名列前茅。

因此，调查人员对得到的回答并不惊奇，但是，二十年后，在那些未来的杰出人物之中，却出现了令人们大为吃惊的事情。

在被询问的一百名学生中，有十个人不仅决心征服世界，而且清清楚楚地写出了目标时间表，说明他们什么时候即将取得什么成就，而其他学生皆没有。

二十年以后，这些调查员惊奇的发现那十名毕业生的财产竟占那一百名学生总财产的96％。这意味着那十名学生的成功率超过同班同学的十倍！

这说明，在定下目标的同时写上期限，确实会促使我们按时完成任务，避免拖拉。

因此，我们在做事的时候，必须事先谨慎地制定一个时间表，强迫自己在约定的时间分阶段地完成任务，这才不至于使自己到最后关头拼命地赶完不成任务，或者影响做事的质量。值得注意的是：计划时间时，一定要将工作和任务之外的事情都考虑进去，比如说休闲、娱乐和陪家人的时间，以免在执行时以此为借口拖延；不要在任务还没有完成时，进行计划之外的放松，否则不加控制，就可能浪费时间，打破既定的截止日期。

另外，我们在准备实施某项计划时，为了制造时间上的紧迫感，还可以在家中、办公室以及其他视线所及之处放置一个醒目的牌子，上面写上剩余的时间。看着时间一天天地溜走，我们的内心会因为担心不能在规定的期限内完成任务而产生焦虑感，这种焦虑感将有利于我们更加集中精力地完成任务。

➡ 方法二：设定一个专注的时间

心理学家在为患者治疗焦虑症时有一个很好的方法，他要求患者每天在固定的半小时内焦虑。在这半小时内，他们可以担忧生活中的一切事情，可半小时结束后就要忘掉焦虑，快乐地生活。一段时间后，心理学家发现，焦虑症患者的症状的确得到了较好的缓解。

同样，我们也可以借鉴这种方式，给自己设定专注的时间，提高办事的效率。当我们感觉自己有拖延的迹象时，可以给自己设定一个专注的时间。例如：你可以定个闹钟，用你的手机就可以，设定时间为45分钟，然后放在抽屉里或者其他你看不到地方。在这45分钟里你要集中注意力，专心做自己的事情，让自己沉浸在一个没有干扰的环境中。闹铃响了，你就可以休息，如果可能的话离开工作的地方出去走走，吃点小点心或者和别人交流一会儿。如果你对自己的自控力有信心，之后再进入下一个45分钟的专注时段。

设定在什么时候？

设定不被打扰的时间在早上，最好是起床的时候，5点到6点，这个时候，你一个人思考，尤其是你的头脑非常清楚，你会发挥非常非常大的力量。假如你这个时段没有办法做到，你也可以根据自己不同的情况，找出自己头脑最清醒、精力最旺盛的时间，来设定不打扰的时间。

设定多长时间为好？

对于时间长短的把握，也要根据个人的具体情况而定。一般来讲，我们需要花20分钟才能让自己的头脑冷静下来，心定下来。因此，不被干扰的时间至少要30分钟才好。当然，如果你觉得时间还可以长一点，那么1小时或2小时也可以。

▶▶ 方法三：想象拖延的后果

人们做事情都是为了追求快乐，逃避痛苦。因此，在给自己规定"最后期限"的同时，你还要让自己很清楚，如果突破这个期限，会给自己带来什么后果？自己是否能承担起这个后果？

有这样两段关于拖延的真实的故事，都是以生命为代价的。

二战时期，拉尔上校正在玩纸牌，忽然有人递来一个报告，说华盛顿的军队，快到提拉瓦尔。然而他将报告塞入衣袋中，牌局完毕，他才展开阅读。虽然他立刻调集部下，出发应战，但时间已经太迟了，结果。是全军被俘，自己也因此战死。仅仅是几分钟的延迟，使他丧失了尊荣、自由与生命。

同样是二战时期，在引发太平洋战争爆发的"珍珠港事件"中，当第一波次的日军轰炸机被美军雷达观测站发现时，基地值班军官却误认为是从美国本土飞来的己方机群。而他的上司对这一报告产生过怀疑，并且想到应该去核实一下，但他却并没有立刻去做，结果是日机扔下的第一批航空炸弹帮他证实了这一切——飞来的不是己方的飞机。假如这一情况能够被及时查证，假如基地的战斗警报能够提前拉响两分钟或者一分钟，就有可能使基地的美军人员减少生命损失。

只有充分意识到它可能导致的后果，才能主动地节制拖延的行为。比如说，当你想对自己说"不着急，一会儿再做吧"时，不如想想，今天工作完不成，自己很可能会丢了这份工作；当你拍着胸脯向人保证一定能做完，可又想偷懒拖延时，不妨想想对方失望的表情；当你因为一时拖延而安享片刻时，不妨想象一下不久后自己将被一堆事情搞得心情烦躁，内心充满焦虑和恐惧，食之无味、夜不能寐的情景……总之，对超限的后果认识越深刻，控制拖延的效果就会越好。

相反，你也可以想象如果及时地完成任务，自己将获得多少快乐？能多赚多少钱？少承受多少压力？这样，就可以逼迫自己赶在期限前把事情做完。

以上三种方式，你可以任选其一，也可以同时实施。只要养成这一习惯，你就会发现，自己正在渐渐远离拖延，靠近成功，意志力也会在此过程中一步步得到提升和增强。

3 轻松解决问题：没有问题才是最大的问题

吉德林法则——列出来，问题便解决了一半

➡ 吉德林法则

不管是生活中，还是学习、工作中，我们总会遇到各种难题，却总是找不到正确的解决途径。怎么办？

我们的建议是——运用"吉德林法则"。

吉德林法则，是由美国通用汽车公司管理顾问查尔斯·吉德林提出的。具体内容是：把难题清清楚楚地写出来，便已经解决了一半。

因为每个大问题往往都是由若干个小问题组成的，而最简单的解决方法就是把问题清楚地分解成若干个小问题，对一个个小问题对症下药各个击破，而把所有的小问题都解决了，也就把大问题解决了！

➡ 要点一：将思考的内容笔头化

不知道你是否发现过这样的规律：对自己不理解的东西读一遍，对别人讲一遍，或者抄写一遍，就加深了对这个观点的理解。

这其实就是一种很有效的学习方法，叫作"思维外化思考法"。就是说，将思考过程中出现的某些有一定价值但仍朦胧不清的想法，借助书写、绘图、制表、言语等手段，使其外化为一

定的物质表现形式，以促进深入思考。

因为当你在纸上书写某种想法的时候，你的注意力自然都集中在这个想法上，你的大脑的相应部分也就处于高度的兴奋状态。罗列的过程，也就是思考的过程。所以许多人都体会到，一边想一边写写划划比单纯在脑子里想，思路会更清晰、更有条理，印象也会更深。尤其是，这样有助于更多更快地想出好主意来。

例如：日本筑波大学有个叫村上次郎的学者，就常常把收集到的各种信息书写在一张张卡片上，积累到一定的数量后，再加以归类整理。当他思考某个问题时，一边浏览手中的有关卡片，一边自言自语地说个不停。就这样，许多好主意常常会潮水般地在他的头脑中涌现出来。

所以，当你遇到难以解决的问题时，第一步便应是一边思考一边把思考的内容简要地在纸上写下来。

▶ 要点二：把巨大的问题细小化

1984年，在东京国际马拉松邀请赛中，名不见经传的日本选手山田本一出人意料夺得了世界冠军。当记者问他凭什么取得如此惊人的成绩时，他说了这么一句话："凭智慧战胜对手。"当时，不少人都认为这个偶然跑到前面的矮个子选手是在"故弄玄虚"。

10年以后，这个谜底终于被解开了。他在他的《自传》中是这么写的："每次比赛之前，我都要乘车把比赛的路线仔细看一遍，并把沿途比较醒目的标志画下来。比如第一个标志是银行；第二个标志是一棵大树；第三个标志是一座红房子……这样一直画到赛程的终点。比赛开始后，我就以跑百米的速度，奋力地向第一个目标冲去，过第一个目标后，我又以同样的速度向第二目标冲去。起初，很多人不懂这样的道理，常常把自己的目标定在40千米外的终点那面旗帜上，结果跑到十几公里时就疲惫不堪了，被前面那段遥远的路程给吓倒了。"

大化小，这是山本田一夺冠的秘密，也是"吉德林法则"的核心内容。

正所谓，人不能"一口吃成个胖子"，将那些看似"无法解决"的问题，分解成一个个易于解决的小问题，远比毫无头绪地寻找一个一蹴而就的方法更实际，更能有效地解决问题。

➡️ 要点三：让复杂的事情简单化

化繁为简，可以让你的工作变得可行，你的信心也会跟着大增，这是高效工作的一个重要原则，也是解决难题的基本思路。

这里有一个有趣的故事：

日本最大的化妆品公司收到客户抱怨，买来的肥皂盒里面是空的。于是，他们为了预防生产线再次发生这样的事情，工程师想尽办法发明了一台X光监视器去透视每一台出货的肥皂盒。同样的问题也发生在另一家小公司，他们的解决方法是买一台强力工业用电扇去吹每个肥皂盒，被吹走的便是没放肥皂的空盒。

同样的事情，采用的是两种截然不同的办法，哪个更好实在是没有必要明说了。对于现象最简单的解释往往比较复杂的解释更正确。因此，如果你有两个类似的解决方案，请选择最简单的。

事实上，我们将一个问题化繁为简的过程，也就是一个放弃不必要或者不太重要的环节或程序，并且把重要的事情也进行有序化的过程。只有这样，我们才不至于迷惑于复杂纷繁的现象，处于被动忙乱的局面，办事效率也会有很大提高。

具体实施起来，我们可以参考美国威斯汀豪斯电器公司董事长唐纳德·C. 伯纳姆，在《时间管理》一书中提出的自己提高效率的做法：

在做每一件事情时，应该问自己三个"能不能"：

1. 能不能取消它？

2. 能不能把它与别的事情合并起来做？

3. 能不能用更简便的方法来取代它？

复杂是成功的大敌。我们在处理事情时，如果有了这三个原则的指导，往往就能砍削与本质无关的东西，抓住根本，用最简略的方式对问题进行表述和解决，成功自然就会"浮出水面"了。

试误理论——不怕错误，才能亲近成功

▶▶ 饿猫开"迷笼"

试错理论是美国心理学家桑代克根据许多动物学习的实验，得出的问题解决的理论。其中，他用猫做的"迷笼"实验最为经典：

> 试验中，他将猫放在一个特制的迷笼内，笼外放有可望不可及的食物。为逃出迷箱，获取箱外食物，猫必须学会触动箱内的某种特殊装置，如按压踏板或拉动绳线，使箱门打开。最初，猫在笼中乱撞乱跑的盲目尝试活动中偶然触动了开关，从而得到食物。在以后的重复实验中，猫的纷乱动作

随着尝试次数的增多而逐渐减少，最后猫一进入迷笼就去触动开关，一下就得到了食物。

依据实验结果，桑代克认为，动物学习的过程是一个不断尝试，不断错误，最后获得成功的渐进过程。

而人，学习的可塑性要比动物大得多，行为也更复杂，但也是基于本能，是在一定的情境和一定的行为多次联结中最终达到一定目的或效果的学习行为。这个观点为我们解决问题提供了一种可能性，即通过反复尝试错误而获得经验，并最终产生成功。

➡ 失败是成功之母

有人问一个正在熟练滑冰的孩子："你是怎样学会滑冰的？"孩子如实地表述了自己的学习过程："跌倒了就爬起来，爬起来再跌倒再爬起来，就是这样的。"

其实，要想做成一件事何尝不是这样的？成功绝非一蹴而就，发现一个真理也决不会像发现树上的一只鸟那样简单。这个过程往往会失败几十次几百次，甚至上千次。福楼拜在19次退稿后才发表了自己的作品；华特·迪士尼为了实现建立"地球上最欢乐之地"的美梦，四处向银行融资，被拒绝过300多次；爱迪生在失败5000多次后发明出钨丝电灯泡……事实证明，那种经常被视为是失败的事，实际上也只不过是一次次对成功的尝试而已。

所以，当事情办糟的时候，不要本能地为自己挂上"失败者"的标签。很多时候，事情的结局并不能作"要么成功，要么失败"的简单划分，介于"失败"和"成功"之间的情况是无穷无尽的，在"我失败了三次"和"我是个失败者"之间有天壤之别。而且，心理上的失败也不等于实际上的失败。有的时候，心理上感到失败了，而实际上他正在前进过程之中。而一个人只要心理上不屈服，他就没有真正失败。

当然，失败的尝试毕竟也不是一件让人高兴的事，但一旦你学会利用它，它就会为你做出积极的贡献——你完全可以把那些"失败"（暂时的挫折）看作吸取了一种经验：目前的做法不可行，然后转变方向，向着不同的但更美好的方向前进。

本田技研创始人本田宗一郎，生于日本荒僻的兵库县的一个贫穷家庭，父亲是修理自行车的穷铁匠。上学期间，他经常逃课，憎恶正规的教育。但却偏爱试验，富有启发性的试错方法学得最好。

本田一直喜欢机器和机械装置，当儿时第一次看到汽车时，他陶醉了，正如他自传中的一段所展示的那样："忘掉了一切，我跟在车后跑，……我很激动，……我认为正是那时，虽然我仅是个孩子，总有一天我将自己制造汽车的思想产生了。"那时，他并不知道自己将不仅仅拥有这样一部机器，而且将成为生产它们的工业巨头之一。

在这个过程中，本田承认自己一直在犯错，正如他在密歇根技术大学接受博士学位的演讲中表明的那样："回首我的工作，我感到我除了错误、一系列失败、一系列后悔外什么也没有做。但是有一点使我很自豪，虽然我接二连三地犯错误，但这些错误和失败都不是同一原因造成的。"

可见，"失败是成功之母"，这话一点没错。比起重复过去的成功来，失败是个更好的老师。重复过去的成功不见得使你学到新东西，而失败则肯定能给你以新的教益。你可以从一个组织得一团糟的聚会中学会怎样组织一个成功的聚会，你也可以从一系列失败的方案中理出比较可行、比较成功的方案……每遭受一次挫折，我们对生活的认识会更全面一点；每失败一次，对成功的觉悟会提高一阶；每不幸一次，对快乐的内涵会深刻一层。总之，只要你动脑解剖失败，从失败中挖掘教益，那么，无论你做任何事情都终会成功。

从这个意义上来说，我们反而应该感谢错误，感谢失败。很多时候，人生就如一场游戏。我们之所以喜欢做游戏，就是因为游戏本身，就是在不断战胜挫折与失败中获取的一种刺激与快乐。假如没有挫折和失败，再好的游戏也会索然无味。既然如此，我们为何不能将失败与挫折当成一种游戏？勇敢面对它，不气馁，把它转变成对自己有利的经验及能力，它就会协助我们创造更大的成绩。

➡️ 如何让你失败得更有意义？

试误理论中，有一点须交待，失败不是目的，我们不是为犯错而试错。每一次的错误尝试，都需要你走出消极情绪，并动脑解剖失败，从失败中挖掘教益，只有这样，失败才有所价值。

首先，避免使用"失败"这个字眼。你怎样描述自己，你很可能就会变成那个样子。反复多次地自称为失败者，不仅意味着将成功无望，而且还会限制自己的潜能。相反，如果你在失败时，仍能表现得像一个成功者，信心十足，充满干劲，那情况会大不一样。

其次，事先拟定防止失败的计划。帮助自己拟定一个防止失败的计划，经常自问："最坏的后果将会怎样？"假想失败能促使你更明确地考虑实际选择，避免更多错误尝试。

再次，从错误中发现价值。任何事情都有它的正反两面，错误当然也不例外。

在德国，有一个造纸工人在生产纸时，不小心弄错了配方，生产出了一批不能书写的废纸。因而，他被老板解雇。正在他灰心丧气、愁眉不展时，他的一位朋友劝他："任何事情都有两面性，你不妨变换一种思路看看，也许从错误中找到有用的东西来。"

于是，他发现，这批纸的吸水性能相当好，可以吸干家庭器具上的水分。他把纸切成小块，取名"吸水纸"，拿到市场去卖，竟然十分畅销。后来，他申请了专利，独家生产吸水纸发了大财。

从错误中所吸取和学到的东西也就越多，进步也就越快。故事中的人就是利用错误体现了自己的另一番价值。

最后，还要坚定永不服输的念头。为了躲避失败而固步自封是愚蠢的；因为过去的失败而耿耿于怀，裹足不前的人是懦弱的，只有不怕失败的人，才是勇敢而智慧的人，这样的人才能亲近成功。

酝酿效应——无法解决的事，放下便是

➡ 阿基米德与酝酿效应

所谓酝酿效应，是指在解决问题的过程中，如果反复探讨而毫无结果时，我们可以把难题暂时搁置放在一边，放上一段时间，由于某种机遇，会突然使问题得到满意的答案。

阿基米德发现浮力定律就是酝酿效应的经典故事。

在古希腊，国王让人做了一项纯金的王冠，但他又怀疑工匠在王冠中掺了银子。可问题是这顶王冠与当初交给金匠的一样重，谁也不知道金匠到底有没有捣鬼。国王把这个难题交给了阿基米德。阿基米德为了解决这个问题冥思苦想，他起初尝试了很多想法，但都失败了。有一天他去洗澡，一边他一边坐进澡盆，以便看到水往外溢，同时感觉身体被轻轻地托起，他突然恍然大悟，运用浮力原理解决了问题。

阿基米德在这一过程中所运用"酝酿效应"。

关于这一效用，还有一个心理实验：心理学家给被试提出一个比较复杂的问题，在实验中的三组被试都用半小时来解决。第一组半小时中有55%的人解决了问题；第二组在半小时解决问题中间，插入半小时做其他事情，有64%的人解决了问题；第三组在半小时中间，插入四个小时做其他事情，结果有85%的人解决了问题。可见：把难以解决的问题停一停，经过一个酝酿的过程，灵感的确会更容易出现。

究其原因，心理学家认为，酝酿过程中，存在潜在的意识层面推理，储存在记忆里的相关信息在潜意识里组合，人们之所以在休息的时候突然找到答案，是因为个体消除了前期的心理紧张，忘记了个体前面不正确的、导致僵局的思路，具有了创造性的思维状态。

➡ 把一时无法解决的问题暂时搁置

一位哲学家说："单凭思想而不劳动，当然不能生活，但一生像机器一样不停的转，那更加没有意义。"古人讲：文武之道，一张一弛，说的也是这个道理。尤其是面对一时无法解决的难题，最好的方法就是休息一下，把问题暂时搁置。或许，办法就在你将问题放置在一旁的时候悄然来临。

爱因斯坦的那个"奥林匹克科学院"，就是采用"搁置问题法"进行业余研究的。

阿基米德百思不得其解之后，居然在沐浴时，涌现了他那著名的阿基米德定律。

著名科学家杰克逊则一直劝说他的学生们，在一天工作完毕之后，坐在一把舒适的椅子上，任思想围绕白天有趣的事物去遐想，随手写下所产生的念头。

还有，俄国化学家门捷列夫发现元素周期律的决定性观念，就是在他提着箱子准备上火车之际突然闪现的。

德国著名数学家希尔伯特长期未解出的一个数学难题，据他说是在一次看戏时突然领悟的。

这种"酝酿"的思维方式，其实也就是我们常说的直觉思维。它本质上是一种有非逻辑性和自发突变性的创造活动，不受形式逻辑的约束，能打破常规思路，产生惊人的成果和方法突破。

有时人们考虑的问题百思不得其解，迟迟不能攻破，很这可能是由于人们在较长时间内把思路集中在一个问题上，并围绕一些常规方法思来想去，往往很容易形成某种思维定势，从而束缚了人们的思维创造性，使自己的思路走入死胡同。因此，此时的最佳选择就是放松。把它搁置下来，去研究另外的问题，或者置换一种新的环境，过一段时间再回到这个问题上来，或不自觉地立刻使你回到原题目上来，突然悟出解决的办法。

因此，当我们对一个难题束手无策，不知从何入手时，不妨先把它放在一边，让思维进入了"酝酿阶段"。一般搁置的办法就是去从事体育活动、文艺活动，也可以去散步、赏花、谈心、下棋、看戏等。也许当我们去做这些事情时，曾经百思不得其解的答案真的会"踏破铁鞋无觅处，得来全不费功夫"。但切记不可为问题"牵肠挂肚"，这样不仅妨碍休息，对于问题的解决也是不利的。

➡ 工作越忙越要劳逸结合

其实，酝酿效应除了是一种很好的解决问题的思维方法外，它还是一种提高工作效率的好方法。

在一处环境优美的度假村里正在举行家电行业高峰会议。每到会议休息时间，大多数公司的老总便回到自己的房间，不是和助手商议方案，就是研究其他公司的资料，忙得团团转。

然而，也有一个人例外，这个人就是环球家电公司的老总秦海天。一到会议休息时间，他总是独自一个人迈出会议室，沿着度假村里的忘忧湖边散一会儿步，或是到花园中欣赏一下奇花异草。

刚开始，有的老总还以为秦海天不重视这次峰会，或是贪恋山水美景，而忘了自己公司发展的大事。可出人意料的是，每次会议上发言时，秦海天却当仁不让，他思路敏捷，精力旺盛，侃侃而谈，一直是整个峰会的焦点人物。

会议结束时，有位老总好奇地问他说："平时总见你漫不经心、游手好闲似的，可一到会议时，你就精神百倍，你是不是吃了什么灵丹妙药？"

"是的。我吃的灵丹妙药就是'忙中偷闲'。去散步，去赏花，在这段时间里我的大脑得到了很好的休息。因此，这会议我是越开越精神呀！"

过度的忙碌，除了伤身害体外，别无益处可言。工作越是忙碌，越应该学会见缝插针地"偷懒"让自己吃好、喝好、睡好，这样才能以保证旺盛的精力和足够的体能，才能从容地应对摆在自己面前的大小事务。

事业上的成功并非一朝一夕的事，工作也是永远也做不完的。一定要合理安排好自己的生活，保证工作和生活张弛有度。

曾经有这样一个经典的教学案例：

教授举起一杯水，问他的学生们："各位认为这杯水有多重？"

学生们的回答各种各样，从20克到500克，回答各异。

"是的，它只有二百克。那么，你们可以将这杯水端在手中多久？"讲师又问。

很多人都笑了：二百克而已，拿多久又会怎么样！

讲师没有笑，他接着说："拿一分钟，各位一定觉得没问题；拿一个小时，可能觉得手酸；拿一天呢？一个星期呢？那可能得叫救护车了。"大家又笑了，不过这回是赞同的笑。

讲师继续说道："其实这杯水的重量很轻，但是你拿得越久，就觉得越沉重。这如同把压力放在身上，不管压力是否很重，时间长了就会觉得越来越沉重而无法承担。我们必须做的是放下这杯水，休息一下后再拿起，只有这样我们才能拿得更久。所以，我们所承担的压力，应该在适当的时候放下，好好地休息一下，然后再重新拿起来，如此才可承担更久。"

说完，教室里一片掌声。

人不要也不应该成为事业的机器，我们一定要学会放下，善于忙中偷闲。在忙中找个机会放松一下自己的心情，让休息方式多样化，这样既可以放松绷得紧紧的每一根神经，为下一次的"冲刺"提供能量，又可让身心得到彻底的休息，从中享受到生活的乐趣。何乐而不为？

第四章

情商是个好东西：解救被情绪绑架的理智

一个人要想把握生活中的幸福、取得事业上的成功，往往需要正确的思想和理念来指引方向，而那些真正具有建设性的精神力量，则大多蕴藏在左右人生命运的情商中。

⎨1⎬ 命运自我修造：心态决定命运，不接受反驳

华盛顿合作定律——永远不要寄希望于他人

➡ 38个旁观者

1964年3月，纽约克尤公园发生了一起震惊全美的谋杀案。一位年轻的酒吧女经理被人杀死，作案时间长达半个小时，附近住户中有38人看到或听到女经理被刺的情况和反复的呼救声，但没有一个人出来保护她，也没有一个人及时给警察打电话。

事后，美国大小媒体同声谴责纽约人的异化和冷漠。然而，两位年轻的心理学家——巴利和拉塔内认为旁观者们的无动于衷与异化和冷漠关系不大，认为应该有别的解释。为此，他们专门寻找了72名不知真相的参与者与一名假扮癫痫病的患者进行了一项试验，让他们以一对一或四对一两种方式保持远距离联系，相互间只使用对讲机通话。事后的统计数据出现了很有意思的一幕：在交谈过程中，当假病人大呼救命时，在一对一通话方式进行的实验中，有85%的人冲出工作间去报告有人发病；而在四个人同时听到假病人呼救的实验中，只有31%的人采取了行动！

通过这个实验，人们对克尤公园现象有了令人信服的社会心理学解释。这就是著名的"华盛顿合作定律"的来源。两位心理学家把它叫作"旁观者介入紧急事态的社会抑制"，更简单地说，

就是"旁观者效应"。

华盛顿合作定律的核心就是：一个人敷衍了事，两个人互相推诿，三个人则永无成事之日。类似于中国流传久远的一句俗语："一个和尚挑水喝，两个和尚抬水喝，三个和尚没水喝"。具体说来，当一个人从事某项工作时，由于不存在旁观者，自然由他一个人承担全部责任，虽然有点敷衍了事，但也还能勉强成事，所以一个和尚挑水喝。如果有两个人，虽然两个人都有责任，但是因为有另一个旁观者在场，两个人都会犹豫不决，相互推诿，最后只好两个和尚抬水喝 。如果有三个或三个以上的人，旁观者更多，情况就更加复杂，关系也更加微妙，彼此之间相互踢皮球，结果永无成事之日，最后三个和尚没水喝。

这就说明，当许多人共同从事某项工作时，虽然群体成员都有责任，但是群体的每一个成员都成了旁观者，彼此相互推诿，最后谁都不愿意承担责任，结果合作不成功，于是产生了华盛顿合作定律。所以，不管什么情况下，都不要把希望寄托在别人身上。

➤ 能够让你取得成功的，从来不是依赖

有一个小孩，凡事都靠母亲。一天，他的母亲要出去好几天。临行前，这位母亲为儿子烙了一张很大的饼，在中间挖了个洞，套在儿子的脖子上。

三天后，这位母亲回到家中，发现儿子晕倒在地上，那张大饼还有一多半没吃。一番紧急处理后，儿子总算醒了过来，还哭喊着说饿。

母亲很惊讶，说："大饼还有一多半呢，你怎么不吃啊？"

儿子虚弱地说："我吃不着，嘴前面的我都吃完了，可

脖子后面的够不着。"

这个笑话相信大多数的人都曾听过，但笑过之后呢，你是不是也从中得到了一些启示？那就是：不能事事依赖他人。能够让你取得成功的，从来不是依赖，而是独立；从来不是别人，而是自己。

法国著名小说家、戏剧家小仲马就是一个依靠自身努力成功的人。

据说他在初学写作时，每次寄出的稿子都被出版社枪毙了，其父大仲马得知后，对他说："如果你能在寄稿的时候，顺便也给编辑先生附上一封短信，哪怕只有很短的一句话，就说'我是大仲马的儿子'，或许情况就会有所改观了。"

小仲马固执地说："不，爸爸，我不想站在您的肩上去摘苹果，那样的话，摘来的苹果于我而言毫无味道。"年轻的小仲马不但拒绝了以父亲的盛名来做自己事业的敲门砖，而且还不露声色地给自己取了很多个其他姓氏的笔名，免得那些编辑先生把他同大名鼎鼎的父亲联系起来。

面对一张张冷酷无情的退稿笺，小仲马并未沮丧，他依然不露声色地坚持创作。他的长篇小说《茶花女》寄出后，终于有一位资深的编辑被他绝妙的构思和精彩的文笔震撼了。而这位资深编辑也一度和大仲马有过多年的书信往来。当他看到寄稿人的地址同大作家大仲马一模一样时，开始怀疑是大仲马另取的笔名。可是，他不敢断定，因为作品的风格同大仲马的迥然不同。为了解答这个疑问，他迫不及待地乘车去造访大仲马。

令这个资源编辑大吃一惊的是，《茶花女》这部伟大作品的作者，居然是大仲马年轻的儿子小仲马。"您为什么不在稿子上署上您的真实姓名呢?"资源编辑疑惑地问。小仲马说："因为我只想拥有真实的高度。"

真实的高度依靠的是自身的努力，父母的成就再高再大，都始终是他们的，跟你没有太大的关系，最多让你比他人的起点高些，但起点毕竟不是终点，最终的高度，还是要看你自身的努力。

然而，现实生活中，许多人尤其是年轻人，他们虽然早已经成年，在大学学习，或是工作多年，却总是把自己当成需要别人关照的孩童，什么都想依赖他人，拒绝长大，拒绝承担对自己的责任。一些人什么都不想、不行动，指望别人给自己安排好一切，像一个幼儿园的孩子。一些人只是贪图一时的玩乐，随心所欲地虚度时光，不会为自己的未来认真思考和行动，经常伤害自己，经常给身边的人制造麻烦。

这样的人，看起来潇洒，实际上非常脆弱——将希望寄托于他人的帮助，便会形成惰性，失去独立思考和行动的能力；将希望寄托于某种强大的外力上，意志力就会被无情地吞噬掉。当你选择依赖时就会使你失去独立的人格，变得脆弱、无主见，成为被别人主宰的可怜虫。有一位学术界知名的学者就曾这样告诫青年学生们说："如果你过分依赖别人，那你就会很容易上当，因为你不能辨别人的话究竟是对的还是不对的，而你对别人的动机也就茫然不知。"

所以，无论何时何事，我们都要学会独立，千万别把希望寄托在别人身上，人的一生，关键时刻还是要靠自己，自己才是最好的依赖。

当下定律——不悔过往，无惧未来

➡ 当下定律的引申

当下定律的含义是：人不能控制过去，也不能控制将来，人能控制的只是此时此刻的心念、语言和行为。过去和未来都不存在，只有当下此刻是真实的。所以修造命运的专注点、着手处只能是"当下"，舍此别无他途。

引申开来，如果人总是悼念过去，就会被内疚和后悔牢牢套在想改变的旧现实中无法解脱；如果人总是担心将来，人的担心就会把人不想发生的情况吸引进现实中来。正确的心态应该是不管命运好也罢坏也罢，只管积极专注于调整好做好目下当前的思想、语言和行为，则命运会在不知不觉中向好处发展。

➡ 不犯错误，那是天使的梦想

人活一世，谁都想让自己所做的每一件事完全正确，谁都想让此生了无遗憾，可这只能是一种美好的幻想。我们常常听到或发出类似的感慨："如果当初我好好学习，现在就能找一个更好的工作了。""如果当初我没有选择这家公司，而是去那家公司上班就好了。""如果我平时多学点东西，现在也许早就当上主管了，也就不用应对这些破事了，更不用承担责任了。""如果我当初小心一些，就不可能产生这种后果，哎，都怪自己太粗心。"……

懊悔情绪无可厚非，但对问题的解决却没有任何意义。它不但不能改变既成的事实，却使我们面对着错误的方面——向后退而不是向前进，并且只是浪费时间，而且它也很可能成为你不再去努力的借口。

雨果曾说："尽可能少犯错误，这是人的准则。不犯错误，那是天使的梦想。"如果总是背着沉重的懊悔包袱，只会白白耗费眼前的大好时光，那也就等于放弃了当下和未来。

哲学家说，世上有三种人，一种是敏锐的，在每一种现象发生的时候，这种人都能马上做出正确的反应，来适应种种变化，因此他们很少犯错误，因此也很少有追悔和遗憾。另一种人是非常迟钝的，遇到任何一种现象和变化，他都不知不觉，只顾埋头走自己的路，尽管一生错过无数机缘，也不会察觉到自己的错误，因此也不会有追悔和遗憾。但我们大多数人既不是圣人——都会犯各种各样的错误，也不是愚人——学不会超脱的智慧，因此我们唯一能做的就是在自己开始后悔的时候，让自己明白，后悔是无济于事的，尽量让自己花在追悔上的时间少一些。

泰戈尔曾在诗中写道，"如果你为没有看到朝阳而流泪，你就会失去看到星星的机会。"世界上虽然没有后悔药，却有能缩小后悔对你影响的良方。从心理学的角度来讲，你的认知方式决定了你的情绪感受。因此，如果我们能改变自己的认知角度，从事件中找到一些积极的片段，就会让自己从后悔中解脱出来，甚至会发现事件的积极意义，生活得更有信心。

➡ 未来，可以计划，但不要担忧

很多时候，我们不懂得享受当下的时光，除了不断追悔过去，还包括不停的为将来担忧。我们总以为应该知道，什么时候会碰到终生幸福相伴的男人或女人；我们总以为要关心是否有一种能解救我们疾病的药很快问世；我们总以为应该先知道，所学的一技之长是否能带给我们辉煌的前途；我们总以为自己必须知道，子女是否将会快乐成长，变成有责任感的大人。可是，真正的未来什么样，我们谁也不知道。那么，今天的你为了一个还不属于你的世界而担忧，难道还不是自寻烦恼？

总为明天忧虑的人，看似"目光长远"，其实却是"目光短浅"，因为不管我们在思想里把它描绘得很美好还是很苦恼，都没有必要，它始终并末发生，我们需要面对的是现在，我们能够享受的也只有现在。

也许有人会说："我一定得为明无忧虑，我得为我的家庭保险。我得把钱存起来以备将来年纪大的时候用。我一定得为将来计划和准备。"不错，这一切当然都必须做。实际上，你是在计划，而不是忧虑。这也正是我要说的，不要把忧虑和计划未来混为一谈。计划与忧虑的最大区别在于前者是合乎逻辑的、理性的；而后者则是不合逻辑、非理性的。你一定要为明天着想，小心地考虑、计划和准备，可是不要担忧。

都说每个汉字背后都有一个哲理，其实很多英文也是如此。例如：英文"Present"有两个含义，一个是"现在"，另一个是"礼物"，为什么？因为它要告诉你："现在是上帝给你最好的礼物！"

是的，最重要的事情就是现在你做的事情，最重要的人就是现在和你一起做事情的人，最重要的时间就是现在。把自己的精力集中在今天要做的事情上时，你才最接近幸福。

2 做情绪的主人：先掌控情绪，再掌控其他

踢猫效应——情绪污染止于智者

▶ 无故遭殃的猫

一般而言，人的情绪会受到环境以及一些偶然因素的影响，如果人不能控制自己的情绪，就会产生一个"情绪链"。一般是沿着等级和强弱组成的社会关系链条依次传递。

一位经理，一大早起床，发现上班时间快要来不及了，便急急忙忙地开了车往公司急奔。结果在一个路口因为闯红灯被警察拦了下来，被开了罚单。终于到了办公室，却看到桌上放着几封昨天下班前便已交代秘书寄出的信件，更是生气，把秘书叫了进来，劈头就是一阵痛骂。

窝火的秘书拿着未寄出的信件，对着总机小姐一阵狠批，责怪她昨天没有提醒自己寄信。总机小姐被骂得心情恶劣，对着公司内职位最低的清洁工，借题发挥，发起一连串声色俱厉的指责。清洁工憋着一肚子闷气回到家，把正在看电视的儿子好好地修理了一顿。孩子愤愤地走回卧房，一脚把正盘踞在房门口的猫给踢得远远的。无故遭殃的猫，成了最终的牺牲者。

这就是社会心理学上著名的"踢猫效应"。其实，这是一种心理疾病的传染，随着社会关系链条由高到低，由强者传向弱者，扩散到最底层，无处发泄的最弱小者便成了最终的牺牲者。实际上，这种传染可以在其中任何一个环节上阻止的，那么"踢猫"这条恶劣的传递链就能被截断了。

➡ 别做坏情绪的传递者

每个人的生活中都有不乏让人感到气愤的事情：夫妻间吵架拌嘴，员工对老板的抱怨指责，孩子顶撞父母或者父母责骂孩子，甚至，下班路上的拥堵也能让我们坐在车里一边狂按喇叭一边破口大骂……

但如果你把愤怒传播出去，不但伤害他人，也伤害自己。首先，愤怒可能影响到我们的身心健康，比如愤怒能导致高度紧张、心跳加速、失眠、疲劳，甚至心脏病等；其次，愤怒破坏交流，使人们对你敬而远之，或者嗤之以鼻；再次，愤怒还会让事情变得更加糟糕，导致内疚和沮丧，我们的内心将更受折磨。

也许你会说："是的，我也明知自己不该发怒，但就是控制不住自己"。确实，我们每个人都避免不了动怒，它是你经历挫折的一种后天性反应。但它又是一种习惯，是一种可以消除与避免的行为。

当然，你需要选择很多新的思维方式，并且需要逐步实现。每当你遇到使你愤怒的人或事时，要意识到你对自己说的话，然后努力用思维控制自己。从而使自己对这些人或事有新的看法，并做出积极的反应。下面几种方法我们可以借鉴。

留意愤怒的信号

其实愤怒有一个"仪式性"很强的过程，如果你打断了模式中的一个部分，有时候你就能把整件事停下来。一般来说，发怒的征兆有坐立不安，心跳加快，呼吸急促，肌肉紧张，面色潮红、发汗、颤抖和刺痛，甚至眩晕、呕吐等。此外，除了内部的生理变化，即将发生的愤怒爆发还有一些外部征兆如嘟嘟哝哝，敲手指，提高音量，等等。当然，每个人生气都有自己的方式，重要的是让愤怒的人及早发现，及时阻止。而且研究表明，愤怒所持续的时间不超过12秒钟，就如暴风雨一般，爆发时摧毁一切，但过后却风平浪静。所以如何度过这关键的12秒，让怒气自然消解非常重要。深呼吸，或者在心中默数10个数，当你做完的时候，你会发现，其实你已经没有那么生气了。

合理发泄愤怒

我们说制怒，是指控制怒气，而非抑制怒气，以不造成重大损害的方式来发泄愤怒，也是人们进行心理自我调节的过程，这是摆脱恶劣心理的必要手段。

在一则林肯的轶事里，就介绍了这么一件事：一次，林肯的一位朋友义愤填膺地向他述说另一个人的无理。林肯听后不平地说："你马上写信去痛斥那个不讲道理的家伙，然后再与他断交。"那位朋友立即写信把那个人淋漓尽致地痛骂了一顿。信写好后，林肯看也不看就把它撕了，并且笑着说："我写过许多这样的信，可从来没有理由去伤害别人。"其实，那位朋友的满腔怒火已经从信中发泄出去了，心理也就完全舒畅了。

意识重建

平息怒气最好的方法不是发泄，而是"重建"，有意识地用建设性的态度对情况重新解释。

重建的态度就是，站在对方的立场上，想一想对方是否情有可原。比如当你开车在公路上突然被另一辆车挡住时，你本能的反应是："真险！差点要了我的命！不能把这小子放走。"你越想越恼火，结果血压升高，车子也开得"毛"起来。这时候，如果你换一种思维方式，想着："这个人是不是新手啊？是不是有很着急的事情啊？需不需要帮助啊？"那么你的心态就会改变，你的怒气就会烟消云散了。

这对于处于怒火之中的人来说，当然是很难做到的，但是从理智上来讲，却是应该的。因为任何人看问题都容易片面主观，尤其在一时情绪冲动的情况下。如果可以站在双方的立场综合地考虑，会看到全面的情况，那么对对方的理解和同情会增加，很可能发现对方没有开始时想的那么"坏"。

培养幽默感

控制情绪，当然还是要靠内心的力量。只要我们观察一下就会发现，生活中那些轻易动怒的人，大多是对生活的态度严格得近乎呆板的人，而那些精神愉快的人，他们最为明显的特点是善意的幽默感。因为人不可能同时生气和大笑，生气和笑声是相互排斥的。在笑声中观察五彩缤纷的现实生活，这是消除生气的最佳方法。因此，每当你的言行过于严肃时，提醒自己，开怀大笑吧，笑声会使你的生活充满阳光。

一位哲人曾说："盛怒之下的人，犹如骑着一匹疯马，不加以驾驶，就会摔断自己的脖子。"所以，在现实生活中，应当提高自己控制愤怒情绪的能力，时时提醒自己，有意识地控制自己情绪的波动。千万别动不动就指责别人，喜怒无常，改掉这些坏毛病，努力使自己成为一个容易接受别人和被人接受，性格随和的人。这样，愤怒就无法控制你的内心，操纵你的命运。

➤ 情绪升华：从消极情绪中获得力量

其实，坏情绪也并非全无益处。一个善于掌控自己情绪的高情商人士，是能够从消极的情绪中获得巨大力量的。

这其实就是情绪的一种"升华"。其本质就是将消极的情绪与头脑中的一些闪光点联系起来，将痛苦、屈辱、烦恼、忧愁等其他不良的情绪，转化为积极而有益的行动。比如：当我们考试的成绩不是很理想时，我们可能会情绪低落。但如果我们不甘心落后与失败，振作精神，奋起直追，就把消极情绪转化为积极的行动了。中国有句古话叫"知耻而后勇"，说的也是这个意思。

遇到让人不高兴的事情，情绪上的对立和反击甚至报复，是无济于事的，你并不会因此而得到一点好处、一丝长进，也不会因此就一下子令人折服。最好的做法就是——升华情绪，正如故事中的吉姆，以事业的成功来洗刷侮辱一样。要知道，这世间最好的"报复"，不是运用那股不平之气，使自己能够吐一时之快，而是用一种成功之后的坦荡胸怀，对待你当年的敌人，对待那些曾经让你坚强不息的敌人。

事实上，人类有几种本性除非遭到巨大的打击和刺激，是永远不会显露出来，永远不会爆发的。这种神秘的力量深藏在人体的最深层，非一般的刺激所能激发。但是每当人们受了讥讽、凌辱、欺侮以后，便会产生一种新的力量来，发挥出自己的强项，做从前所不能做的事。从这个意义上来说，我们反而应该感谢那些对自己不公平的人或事，因为正是他们的所作所为激发出了你的潜能，成为你迈向成功的贵人。

当然，我们并不是在宣扬负性情绪是一个人成功的元素，我们要说的是，如果你遭受到不幸的事情，那也不要让你负性情绪主宰了我们的人生。有一幅对联说得好：你无法改变天气，却可以改变心情；你无法控制别人，但能够掌握自己。横批是：操之在我。就是说要把负性的情绪升华为奋斗的动力。当我们把它们化为我们的动力之后，我们还可能从痛苦中挺立起来，进入一种豁达的境界；而对于那些曾经带给我们负性情绪的人和事，我们也可能会变得释怀。

宽容定律——宽容别人，其实是自我救赎

▶▶ "仇恨袋"

这一定律源于一个古希腊神话。

> 传说古希腊有一位力大无穷的英雄叫海格力斯。有一天，他在山路上行走时，发现路中间有个袋子似的东西很碍脚，便踢了它一脚。谁知那东西不但没有被踢开反而膨胀起来。海格力斯有点生气，便狠狠踩了一脚想把它踩破，哪知那东西不但没被踩破反而又膨胀了许多。海格力斯恼羞成怒，操起一条碗口粗的木棒狠砸起来，那东西竟然加倍地膨胀，最后大到把路堵死了。
>
> 这时，恰好一位圣人路过，连忙对海格力斯说："朋友，快别动它，忽略它，离开它远去吧！它叫仇恨袋，你不犯它，它便小如当初，你的心里老记着它，侵犯它，它就会膨胀起来，挡住你前进的路，与你敌对到底！"。

其实，在我们生活的道路上，"仇恨袋"比比皆是。遇到它们时，人最容易产生两种不同的反应：一是怨恨，二是宽容。如

果你选择怨恨，心存报复，那么自己所受的伤害会比对方更大，因为它会带走你的欢笑，损害你的健康；而如果你选择宽容，其实也是在宽容我们自己，因为我们在宽容别人的同时，也为自己营造了和谐的氛围，为心灵留下一点舒缓的空间，这便是宽容定律。

➤ 仇恨1分钟，就浪费了60秒的幸福

生活中，不可能没有摩擦与冲突，有些人一旦受到伤害，就总想用各种攻击方式向那些曾给自己带来伤害或不愉快的人发泄不满。先不说它是不是会对报复对象造成这样或那样的威胁，你自己却是最先受到伤害。因为你恨仇敌的时候，实际上相当于已经送给他力量了。这种力量能影响到我们的睡眠、胃口、血压、健康、快乐等。这样说来，不管你的怨恨有没有伤害对方，你自己都是活在地狱中的。

相反，剔除心中的仇恨，是宽恕别人，也是放过自己。心中放下了仇恨，也就没有了恐惧、痛苦、悲观这些负面情绪的困扰，心中放下了仇恨，人才能变得轻松自在、充满阳光，那么，不知不觉中便会创造出许多美好。

埃丽诺已经76岁了，她做梦也没有想到，在她孤零零地度过了40年时光后的今天，还能如此幸福地享受到人世间最为美好的天伦之乐。

埃丽诺曾经有一个儿子小约翰，可是在他17岁那年，由于一次意外，被一群游荡社会的坏孩子乱刀砍死了。那段时间，她很悲伤，心中也充满了仇恨，每一次看到那些衣着不整、叼着烟卷、穿街走巷、狂歌猛喊，甚至脏话连篇的坏孩子，她都有冲过去撕烂他们的冲动，这样让她陷入了更深的

痛苦漩涡中。

后来，在一次"拯救灵魂"的公益活动中，她碰到了保罗，那时他已是一个老得几乎走不动的老牧师了。保罗看到眼含忧郁的埃丽诺后，便颤颤巍巍地向她走了过来，并对她说："你的事情我都听说了，平时怨恨是解决不了问题的，而且你知道吗？这些孩子也非常可怜，因为父母过早地抛弃了他们，社会也用有色眼镜看待他们，他们多数人自从出生的那天起便没有再尝到过什么是温情，便不知道什么是爱！"

埃丽诺愤愤地说："可是，他们夺走了我的约翰！"

"那也许是个意外，放下这些怨恨吧。如果你愿意，也许他们都会成为您的小约翰的！"

埃丽诺听从保罗的建议，参加了"拯救灵魂"的团体。她每个月都要抽出两天时间去附近的一家少年犯罪中心，试着接近这些曾经让她深恶痛绝的孩子。开始时固然有些不自在，可通过一段时间的交流后，她发现，这些孩子确实不像他们所表现的那样坏。他们渴望爱，渴望温情，有的甚至渴望叫谁一声"妈妈"。

于是埃丽诺像这个组织的其他成员一样，认了其中的两个黑人孩子作为自己的孩子。每个月她都要带上自己做的最拿手的食物去看他们两次。就这样，两年过去了，当她的这两个孩子离开之后，她又认领下两个……

埃丽诺说："我从没有像现在这样幸福过。"她不但用她的爱心从更深的地方挽救了这些孩子，更找到了她应得的天伦之乐。

仇恨一分钟，你就浪费了60秒的幸福，所幸埃丽诺在浪费了

40年之后，找回了她应得的幸福。

现实生活中，也许我们不可能遭遇像埃丽诺那样的仇恨，但难免会遇到不公平的待遇，或者被别人侵犯自己的人身、名誉、利益的时候，我们的心中充满焦虑感，想着怎样才可以让对方也感受到这种被伤害的情绪，怎样惩罚对方。这种心情，一般只要得到适当的宣泄，过后就会平复，你会忘记那些不愉快的事情，一切会恢复正常。但是当我们受伤很深或者把这个伤害看得过分重的时候，报复的愿望就会久久盘踞在我们心中，无时无刻，使我们的内心不得安宁，成为我们思想中的唯一焦点，甚至会做出一些让自己后悔的事情来。

如此看来，仇恨，除了伤人伤己，毫无意义。而宽容，却能让我们的心灵获得自由，获得解放。正如一位哲人所说："如果没有宽恕之心，生命就会被无休止的仇恨和报复所支配，人将处于无道德之中。宽恕了别人，就等于解脱了自己。"

▶▶ 宽容不易，却非不能

也许有人会说，放下仇恨，谈何容易？

的确如此。因为任何忍让和宽容都是要付出代价的，甚至是痛苦的代价。但这种代价与仇恨带来的代价相比，还是值得我们努力，把忍让的痛苦化解出宽容和大度来的。

要真正做到宽容，我们可以从以下几个步骤着手。

首先，做好心理准备。这要求我们要清楚的知道，自己生活在凡人的社会，有些人品德好，能力强，而有些人容易犯错，跟一群普通人相处，受到伤痛是难免的。看清生活的本质，才会有心理准备，你才会发现，受创伤就像走路不小心踢到障碍物跌跤一样，虽然会痛苦，但不必产生怨恨情绪。

其次，设法了解对方。不要老想着"别人应该考虑到我"，事情已经发生，如果这么想就会加深恨意，心情无法平复。实际上，我们反而应该设法了解对方。因为你一旦了解对方的困境，也许就不再那么痛恨。一位商场老将，被朋友骗去巨额货款，起先他痛恨对方绝情，罔顾道义，后来知道朋友也是受拖累的，就释怀许多。有时，我们了解一个人精神贫乏，目光如豆，也会产生原谅的慈悲心理。

再次，增加心理暗示。其实，宽恕一个人或一件事，最直接的方法是放下它。事情已过，放在心中只会徒增痛苦，应该提醒、暗示自己："放下它！"禅宗有一则公案，就是琅琊禅师教一位多愁善感的女弟子，经常在心中念着"随他去！"碰到任何不如意事，就提醒自己"随他去！"经过一段时间，终于洗涤了弟子心中的烦恼，露出欢喜自在的个性。

事实上，最高境界的宽容，是无需刻意而为的。就像人们常说的，我们的心就如同一个容器，当爱越来越多的时候，仇恨自然就会被挤出去。生活中，我们会看到，大肚量的人总是生活得很快乐、很悠闲，甚至能自得其乐，为什么？就是因为他们的思路比天空还宽，心胸比世界都大，世界在他们眼中都不大，就更不用说他身边的那些人和事了。一种行为制造一种结果，包容制造和谐，创造快乐。懂得包容的人生活得这般轻松、幸福，就是包容的结果。因此，消除仇恨，就只要用一颗简单的包容之心来不断充实自己，那么仇恨也就没有容身之所了。如此，仁爱的光芒便会照亮我们的心灵，让我们在参透人生智慧的同时，收获那份难得的轻松和愉悦。

③ 烦恼都是自找的：天堂还是地狱，只在一念间

蘑菇定律——没有平凡的工作，只有平凡的态度

➤ 像蘑菇一样生长

你有没有见过蘑菇是怎样生长的？

它们总是长在阴暗的角落，得不到阳光，也没有养料，自生自灭，只有长到足够高的时候才开始被人关注，可此时它自己已经能够接受阳光了。

蘑菇生长必须经历这样一个过程，事实上，人的成长也肯定会经历这样一个过程：初入世者常常会被置于阴暗的角落，不受重视或打杂跑腿，就象蘑菇培育一样还要被浇上大粪，接受各种无端的批评、指责、代人受过，得不到必要的指导和提携，处于自生自灭过程中。

其实，这就是心理学上常说的蘑菇定律，或叫萌发定律。绝大多数人都要经历这个萌发过程。因为无论多么优秀的人才，初次工作都只能从最简单的事情做起，这是一条必经之路，谁想从这一步跳过去，谁就会栽跟头。

➤ 把每一件平凡的事做好就是不凡

相信我们每个人都曾对自己抱有很高的期望，认为自己应该受到重视、得到重用，应该得到丰厚的报酬。一旦没人关注，

得不到重用，工资达不到预期，就会觉得自己编织的梦想彻底破灭，从而失去信心，失去学习、工作的热情，并消极地对待一切。

其实，并非你"独得恩宠"，任何人，在成长过程中，都注定会经历一段或几段的"蘑菇"时期。但这并不一定是什么坏事，尤其是当一切都刚刚开始的时候，当上几天"蘑菇"，能够消除我们很多不切实际的幻想，让我们更加接近现实，看问题也更加切合实际。事实上，许多成功之士，恰恰正是因为这些遭遇，才有了震惊后世的骄人成就。例如：苏东坡晚年曾把自己平生最有成就的阶段概括为"黄州、惠州、儋州"，此三州正是他横遭贬谪的放逐之所。所以，在我们被看成"蘑菇"时，一味强调自己是"灵芝"并没有用，利用环境尽快成长才是最重要的。

实际上，很多时候，上级交给你做每一项工作，都是有目的的，从你对待平凡工作的态度、执行的过程和结果中，他们会对你做出判断，给你打分，把你划分到不同的员工类型中去。如果你毫无怨言，做事踏实，说明你是一个敬业的员工；如果你又快又好地完成了任务，说你工作能力强。有潜力，能力强又敬业的员工肯定会得到老板的赏识，在以后的日子里一定会有意识地锻炼你、培养你，适当的时候肯定会让你去做重要的事情，反之，如果你认为自己做的是平凡时候肯定会让你自己的工作，甚至怠慢自己的工作，那么，你会被暗暗打入"冷宫"，那些重要的机会将永远怀你无缘。

所以，在工作中，一定要认真对待每一件事情，不管别人看得见还是看不见事情的结果，也不管当前的事情重要还是不重要，哪怕不是自己的分内事，都从内心想把它做好，这比任何职场技巧都重要。

➡ 别把时间花在毫无用处的抱怨上

很多人在"蘑菇经历"时最容易做的事，就是抱怨。而当一个人在抱怨的时候，实际上就是在为自己找借口，而找借口的唯一好处就是安慰自己。

但这种安慰是致命的，它不但不会帮助你改变现实，还会削弱你和困境抗争的意志，使你在无可奈何中消极地接受现实。

而且，上帝是非常公正的，无论你在干什么，他赋予每个人的时间都是一样的。当你的时间都被抱怨所挤占，能够用在实战历练以及优化自身方面的精力就会少之又少。时间一长，这些都不可避免地转化成恶性循环。

事实上，一个真正努力的人，是绝对不会把时间花在毫无用处的抱怨上的。因为他们坚信："就算生活给你的是垃圾，你同样能把垃圾踩在脚底下，登上世界之巅！"

但是，抱怨，作为人性中的一种自我防卫机制，要完全断绝是很难的。在《抱怨不如改变：21天的神奇挑战》中曾提到了一种解除抱怨的思维方式——"二分法"，我们不妨试一试。

定义：所谓"二分法"就是把自己所面对的"抱怨"一分为二，一半是自己能决定并解决的，一半是自己不能决定和解决的。

方法：如果"抱怨"属于前者，比如"抱怨自己能力不够"，那么我们就完全可以想办法来提高自己的能力，达到自己期望的目标；如果"抱怨"属于后者，比如"抱怨下雨的天气"，那么我们只有调整心态以"屈就"环境了；如果两者兼而有之，我们就要对其进行更为具体的分析，再分出一个"二"来。

要旨："二分法"的要旨在于，我们要把精力用于自己能够发挥作用的领域或范围，而不是在自己不能作为的地方空费神，无济于事。

反木桶原理——"逆天而行"是最愚蠢的行为

➡ "木桶理论"反着用

在很长一段时间里，人们一度津津乐道于水桶理论，说的是一只木桶盛水的多少，并不取决于桶壁上最高的那块木块，而恰恰取决于桶壁上最短的那块木板。人们把这一规律总结为"木桶定律"或"木桶理论"。在这种理论的指引下，人们讨厌自己的短处，为自己的缺陷而羞愧，一个劲儿地忙着补短、补缺，而对自己天生的长处不管不问。

可是，你有没有想过，如果把木桶倾斜起来，长板不依然能挡得住水吗？制造条件发挥长板的优势，避开短板的不足，盛水量依然可以上升！没错，这就是"反木桶原理"。

而且，人也不同于木桶，决定一个人有多大成就的，永远是他最精通的那一项能力，就如决定一座山峰高度的，永远是山巅的那块石头。

古人说，智者有所不虑，巧者有所不为。实际上，人最应该做的事情不是去补短，而是去拉长自己的天赋。就如韩信，不必会耕地；诸葛亮也不必会经商；陈景润，又何需左右逢源八面玲珑呢？积极地扬长避短，善于经营自己身上的闪光点，这样才能获得成功的机会。

➡ 永远别跟自己的天赋对着干

我们都知道，鸟儿有飞翔的翅膀，所以他们选择了蓝天；鱼儿因其善水，所以遨游江河湖海……万事万物皆是依靠自己的长处，在世界中占有一席之地，如果要是反过来呢？可想而知，鸟儿只会溺水身亡，鱼儿也会因干涸而死。

其实我们人类也是一样，世界上最愚蠢的行为，就是"逆天而行"——跟天赋对着干。

19世纪末，一个男孩降生于布拉格一个贫穷的犹太人家里。随着男孩的一天天长大，人们发现他虽生为男儿身，却没有半点男子汉气概。他的性格十分内向、懦弱，也非常敏感多虑，老是觉得周围的环境都在对他产生压迫和威胁。防范和躲避的心理在他心中根深蒂固、不可救药。

男孩的父亲竭力想把他培养成一个标准的男子汉。希望他具有宁折不屈、刚毅勇敢的性格特征。在父亲那粗暴、严厉却又很自负的斯巴达克似的培养下，他的性格不但没有变得刚烈勇敢，反而更加的懦弱自卑，并从根本上丧失了自信心。以至于生活中每一个细节，每一件小事，对他都是一个不大不小的灾难。

他在惶惑痛苦中长大，整天都在察言观色，小心翼翼地猜度着又会有什么样的伤害落到他的身上，时常独自躲在角落处悄悄咀嚼受伤的痛苦。看他那样子，谁也没指望他能干出什么成绩来。

是啊，这样的孩子，你能指望什么呢？你能够让他去当兵，去冲锋陷阵，去做元帅吗？不可能，部队还没有开拔，他也许就已当逃兵了。让他去从政吗？依他的智慧、勇气和决断力，要从各种纷杂势力的矛盾冲突中寻找出一种平衡妥当的解决方法，那更是可望而不可及的幻想。他也做不了律师，懦弱内向的他怎么可能在法庭上像斗鸡似的竖起雄冠来呢？做医生则会因太多的犹豫顾虑而不能果断行事，那只会使很多的生命在他的犹豫中失去治疗的最佳机会。看来，懦弱内向的性格，确实是一场人生的悲剧，即使想要改变也改变不了。

然而，你能想像这个男孩后来的命运吗？这个男孩后来成了世界上最伟大的文学家之一，他就是卡夫卡。他内向、懦弱、多愁善感的性格，正好适宜从事文学创作。他在自己营造的艺术王国中，在这个精神家园里，他的懦弱、悲观、消极等弱点，反倒使他对世界、生活、人生、命运，有了更尖锐、敏感、深刻的认识。因此，他才能在作品中，把荒诞的世界、扭曲的观念、变形的人格，解剖的更加淋漓尽致，从而给世界留下了《变形记》《城堡》《审判》等许多不朽的巨著。

所以，不要再因自己的缺点而羞愧，更不要因别人嘲笑自己的缺点而违背自己的本心。一个人最悲哀的事情，莫过于用自己一生或者大半生的时间去弥补自己的缺陷和短板，而无视自己的天性和天赋，无视自己的特点和价值。记住，每一个人都有自己独一无二的天赋，只要你能将"这根长木板"拉长，长到能做一条船，你就一定能够在人生的海洋中乘风破浪，永不迷失！

➤ 学会弱化缺点、放大优点

受木桶理论的影响，现实生活中，我们总是有意无意地放大自己的缺点，而弱化自己的优点，如果你已经对自己做了不公平的"判决"，那么，现在就试着反过来吧。

首先就是要学会弱化你的缺点。

美国心理学家汤姆·季洛维奇曾经做过这样一个有趣的实验——

他将学生分成数组，在一个实验室里分别做着互不相干的一些任务。随机抽取一组学生，让其穿上特别令人的尴尬的下恤（印着巴瑞·曼尼洛的图像），任务结束，调查学生注意到巴里曼尼洛的情况。结论是，穿着尴尬下恤的学生认为50%的人注意到了他们的窘境，但实际是仅有25%的人注意到了他们的尴尬下恤。而且，将此次实验的录像重播给别的未参见该次实验的同学看时，注意到这些尴尬下恤的人也只有25%。

穿着尴尬下恤的学生的这种心理感受，在心理学上被称为"焦点效应"，也叫"聚光灯效应"。它产生的机理就是人们想当然地认为别人会过度地关注自己引起的。

那么该如何克服"聚光灯效应"呢？应对很简单："聚光灯效应"只存在于你的头脑中，而非真实情况的反映。当你过于强化自身的缺陷时，提醒自己：别人的注意力并不在你身上。换句话说，你觉得很囧，但别人可能压根都没注意。仅此而已。

当然，仅仅弱化缺点还不够，你还需要学会放大你的优点。

　　一个穷困潦倒的青年，流浪到巴黎，期望父亲的朋友能帮助自己找到一份谋生的差事。

　　"数学精通吗？"父亲的朋友问他。青年羞涩地摇摇头。

　　"历史、地理怎样？"青年还是摇摇头。

　　"那法律呢？"青年窘迫地垂下头。

　　"会计怎么样？"父亲的朋友接连地发问，青年只能摇头告诉对方——自己似乎一无所长，连丝毫的优点也找不出来。

　　"那你先把住址写下来，我总得帮你找一份事做呀。"青年羞愧地写下了自己的住址，急忙转身要走。

　　谁知父亲的朋友一把拉住了："年轻人，你的名字写的很漂亮嘛，这就是你的优点啊！你不该只满足找一份糊口的工作。""把名字写好也算一个优点?" 青年在对方眼里看到了肯定的答案。

哦，我能把名字写得叫人称赞，那我就能把字写漂亮；能把字写漂亮，我就能把文章写得好看……受到鼓励的青年，一点点地放大着自己的优点，兴奋得他脚步轻松起来。

数年后，青年果然写出享誉世界的经典作品。他就是家喻户晓的法国18世纪著名作家——大仲马。

生活中，特别是不自信的人，往往会把优秀的标准定得太高，而对自身的优点却视而不见。事实上，每个人都不是一无是处的，每个人都拥有一些诸如"能把名字写好"这类小小的优点，如果你能够发现自己的优势，并一点点放大，变成无人比拟的优势，它就能增加你的自信，让你散发出多彩的光芒。

第五章

你不是一座孤岛：优化你的人际沟通方式

沟通，是人类行为的基础。每个人都需要与人沟通，但却不是每个人都会与人沟通。不经大脑的自说自话，是低级、单向的信息传递；用头脑武装嘴巴，才能让人与人之间的沟通变得更顺畅、更有效、也更愉快。

① 你凭什么人缘好：跟谁都聊得来的交际法则

首因效应——"一见钟情"的秘密

➡ 先入为主的认知偏差

"首因效应"，也叫"优先效应"，是由美国社会心理学家阿希1946年在一项经典性的实验研究中提出的。

> 阿希给一组被试人员一张描写人性特征的形容词表：聪明、勤奋、易冲动、爱评论、顽固、嫉妒。第一份表格按上述所列性格特点顺序排列，第二份表格把所列顺序完全颠倒过来，但其内容完全不变。然后，把这两份表格所列举的内容分别说成是两个人不同性格的测试记录，再请一些人对这两个人的性格做评价。结果发现，这批人的评价结果惊人地一致，他们一致肯定以"聪明"为首的这一位，否定以"嫉妒"领头的那一位。

实验结果表明，第一印象在人的认知过程中起着非常重要的作用，它容易造成先入为主的认知偏差。

这种对"第一"的事物有较大兴趣和较强的印象，可以说是人类的一种特性。比如，不经意地你就可以说出许多第一，比如世界第一高峰、中国第一个皇帝、第一个登上月球的人等，或者与你自身息息相关的：你的第一任老师、第一天上班、初恋等，但对第二的印象却一定是大打折扣的。

那么，首因效应形成的原因是什么呢？之所以最初的内容比后面的部分让人记忆深刻（比如一篇文章、一套数据），是因为新的刺激能引起兴奋，在大脑皮层下会留下较深的痕迹，这样以后回顾起来就比较容易。另外，思维的过程表明，人在思考问题时容易产生"定势"现象，即所谓的"先入为主"：初次印象成为思考问题的起点，在思维的座标图中，人们分析问题、判断问题就是从这个起点开始并向后延续。思维的过程是大脑运动的过程，而运动就有惯性在起作用，因此最初的印象对后面的印象产生了一定的"惯性作用"。

事实上，这种心理学效应，在我们的人际交往中也表现的十分明显——我们往往对他人第一次形成的印象记忆深刻。也就是说，在初次交往中，一个人的仪表、风度、性格、态度给别人留下的印象，会使别人对他作出判断，并作为今后交往的基础。

➡ 对自己：做好"印象管理"

事实上，我们大多数人都有意无意的受到这股神秘力量的操控。相亲、面试、见公婆、去新公司上班……一切与陌生人见面的场合都让人心中惴惴不安，人们不惜花费重金购置新衣，打造新形象，不就是为了在第一次会面中以完美的形象出场吗？只不过，有些人还不得其法罢了。

那么，我们应该如何给他人留下好的第一印象呢？

安·戴玛瑞斯(Ann Demarais)和瓦莱丽·怀特（Valerie White）在她们所写的《第一印象》中，提出了决定第一印象的几大因素，其中包括：容貌、语言、态度、穿着和身体语言。具体来说，我们希望你至少注意以下几个方面：

1.做好"面子"功夫。

社交专家指出，外表是影响第一印象的重要因素。它包括你的性别、年龄、衣着、姿势、面部表情等所有"外部特征"。所以，要给人们留下一个好的印象，首先要从外表上注意形象。

这里有一个简单有效的小技巧，那就是保持微笑。加州大学医学院的心理学教授保罗·艾克曼（Paul Ekman）说："我们甚至可以从30米外看到一个人的笑容。"这张笑脸的主人将会给我们留下良好的第一印象。

2.言行举止要得当。

"面子"功夫要做好，"里子"工程也别忽视。在第一印象形成的短短时间内，言行举止最能反映出一个人的内部涵养。比如，不要在众目睽睽之下涂脂抹粉，如果需要补妆，可以到洗手间或附近的化妆间去；不要在公共场所做一些不雅的举动；无论听到什么"惊天动地"的趣事，在社交场合也得要保持仪态，最多报以灿烂的笑容。总之，正确而优雅的举止，才能使人显得有风度、有修养，给人以美好的印象。

言语方面的话，可以在这些地方多加注意：比如，初次见面就讲述私人生活或个人问题、搬弄是非或批评他人，只谈论自己，过于活泼或好开玩笑，举止莽撞冒失，自己高谈阔论却不给对方说话的机会，认为自己永远有理或目空一切，等等，都是会给人留下坏印象的。

➡ 对他人：莫上了"第一印象"的当

在与人交往的时候，我们在做好自己"印象管理"的同时，也不要上了"首因印象"的当，即不要仅凭着第一印象的好坏去判断一个人。

因为，第一印象往往并不是客观的。有人做过一个这样的实验，让一个人打扮成乞丐的样子，而另一个人穿着高级西服，装扮成一个高级白领的样子。然后让他们在一个热闹的路口过马路。结果，乞丐后面没有一个人跟随。而那位白领后面却有了一大群人跟着他过马路。

为什么会出现这样的情况？是因为白领的形象给人一种信任感，而乞丐却不能给人信任感。所以大家从心理上都信赖这个白领，都愿意跟随他。而对于那个乞丐却不相信，所以没有一个人愿意跟他过马路。

但是，做出这种信任与非信任的判断，却并不是客观查验出来的结果，而是人们下意识的根据对别人已有的印象出发而对其他方面进行推测，以偏概全，一好俱好，一坏俱坏。这就很容易形成认识的偏差。

同时，我们又是懒惰的，这就好比我们对自己的图书进行分类，在一本书上贴了文学的标签，并归入文学类后，便很难再费心将它归入其他类别。因此，当我们在一个人身上贴上"大方得体"或者"胆小谨慎"的标签后，便不再费心去改变这个标签。在日后的交往中，自然也会按照这个标签所代表的内涵去看待对方。

这种粗暴的分类方法，必然会为我们日后与其交往埋下隐患。心理学家丹尼斯说："我们希望每个人都能展现真实的自己。当然，有一部分人让我们看到的是假象。"假如一个人非常善于掩饰、伪装自己，而且熟知人际交往原则，在第一印象中，给我们留下了非常美好的感觉，使得我们愿意与他进一步交往，甚至在不察之下对其敞开心扉，我们就要悔之莫及了。

所以说，在对别人的判断上，我们切不可仅凭第一印象就妄下结论。俗话说："路遥知马力，日久见人心。"我们还要在继续交往中冷静、细致、全面地观察、分析对方，才能形成更全面的印象，做出更准确的判断。我们要能够透过现象看到本质，在长期的相处中全面正确地认识和了解他人，以防"金玉其外，败絮其中"者蒙蔽了自己的眼睛，也不要让真正的千里马与自己失之交臂。

总之，第一印象在我们的社交生活中起着非常重要的作用，我们要尽可能给别人留下良好的第一印象，同时也要学会客观地看待他人。

自我暴露效应——友谊，多生于私人话题之中

➤ 越"暴露"越亲密

心理学家认为，一个人如果想要和别人建立比较密切的关系，一定程度的自我暴露是不可缺少的，这就是"自我暴露效应"。

这其实不难理解。例如：一个人的恋爱经历属于个人隐私，一般人只会对特别亲密的朋友说。如果你主动透露自己的隐私——"我从上学的时候就没有女人缘""真是不好意思，我曾经被甩过3次"，这就等于向对方暗示：你与他的关系比较亲近。这样，对方也可能会放松地谈论自己的事情——"我也是这样啊……"。这可能会使你们的关系更近一层。

事实上，想想在日常生活中，最知心的朋友不也是知道我们秘密最多的朋友吗？毕竟人人都不傻，都能直觉地感到对方对自己是出于需要还是出于情感而和你来往。情感纽带下结成的关系，往往要比暂时的利益关系更加牢固。而那些和任何人都不做

自我暴露的人，当然无法得到这种珍贵的感情关系。

这一心理学效应就是在提醒我们：要想与别人成为知心朋友，就必须表露自己的真实感情和真实想法，向别人讲心里话，坦率地表白自己，陈述自己，推销自己。

➡ 相识满天下，不如知心人一个

如果你仔细观察，总会发现身边有这样的人：一类是社交能力很强，可以饶有兴趣地与你谈论国际时事、体育新闻、家长里短，可是从来不会表明自己的态度，你一旦将话题引入略带私密性的问题时，他就会插科打诨，或是一言以蔽之。不过，他们虽然在交际场中如鱼得水，但是却少有知心朋友。还有一类人则刚好相反，他们虽然外表看起来不是很擅长社交，却为人真诚，能向对方袒露心声，用情感沟通弥补了语言沟通的缺陷，反而很快能和别人拉近距离。

这两种人在社会交往中的不同境遇，实际上就是和他们的"自我暴露"程度相关的。当自己处于明处，对方处于暗处，任何人都不会感到舒服。当自己表露情感，对方却讳莫如深，不和你交心，你怎会对他产生亲切感和信赖感？相反，当一个人向你表白内心深处的感受，会使你感到对方的信任和渴望沟通情感的愿望，这会拉近你和他的心理距离。

美国心理学家安德森曾经做过这样一个试验，也充分证明了这一点：

> 他制定了一张表，列出550个描写人的品性的形容词，让大学生们指出他们所喜欢的品质。
>
> 试验结果明显地表现出，大学生们评价最高的性格品质不是别的，正是"真诚"。在8个评价最高的形容词中，竟有

6个（真诚的、诚实的、忠实的、真实的、信得过的和可靠的）与真诚有关，而评价最低的品质是说谎、装假和不老实。

可见，在交往中，真诚无私的品质能使一个外表毫无魅力的人增添许多内在吸引力。相反，与人沟通时，你存在防备、猜疑的心理，不能敞开自己的胸怀，不敢讲真话、实话，总是遮遮掩掩、吞吞吐吐、令人怀疑，是无法搞好人际关系的。

其实谁也不傻，都能直觉地感到对方对自己是出于需要还是出于情感而和你来往。也许在这个现实世界里，尔虞我诈的社会环境让你不得不把自己包裹得太严，这样虽然安全多了，不会被人出卖，不会被人贬损，不会被人抓辫子、打棍子。但更严重的是，别人也亲近不了你，在困难时也很可能就没有人伸出手来拉你一把。

所以，有时候，对于可以信任的人，我们恐怕是非要冒险开放或者说暴露自我不可的。也许就会一下子赢得对方的心，赢得一生的友谊。

➡ 私事怎么聊，才能让人舒服？

与人交往时，我们都有这样的体会：必须与他人保持一定的空间距离才会感到舒服。如果别人侵入了我们的空间，我们就会感到不自在，对对方产生一定的排斥。事实上，说话也是这样。恰如其分的表达，才能保持美好的关系，缺乏界限感的聊天，也必然是不受人欢迎的。

看过《欢乐颂2》的人，应该还记得这样一个片段：出来倒垃圾的樊胜美，碰到了心事重重的安迪。她看出安迪心情不好，想关心又怕触及痛处，于是就轻轻问了一句："你需要我吗？"就是这样一句很简单的问话，才是设立在合理界限根基上的友情——有诚意，也能留有余地，让朋友在感触感染到关心和温暖的同时，又不会有任何多余的心理负担。

然而，生活中却不是人人都懂得去保持这种界限感。汉语中有个词叫"交浅言深"，就是在提醒我们，当两个人交情还不够深时，就别说太多，问太深。事实上，我们自己也都很讨厌这一类人。比如，有时一回家，周围一些多事的人，动不动就会问为什么不结婚，怎么还不生孩子，一个月赚多少钱。她们以为这样是跟人家很熟络，但其实这就会让她们变成大家都讨厌的这类人，因为和她们其实交浅，一年都打不了一次交到，但她们真的很爱言深。

其实，"交浅言深"也是对自己的一种不负责任的行为。例如：有些人会在连对方人品都没有掌握清楚的前提下就掏心掏肺，授人以柄，实在是一种愚蠢行为。因此，即便与对方一见如故，十分欣赏，也不要太急于与之交心。说到底，言语都应该是排在交情之后的。

对此，心理学家的建议是：理想的自我暴露是对少数亲密的朋友做较多的自我暴露，而对一般朋友和其他人做中等程度的暴露。

实际上，所有美好的关系，都需要界限感。凡事过了"度"就失去了准则，好事也有可能变成了坏事，原本很美的东西也就有可能不美了。你要记住，无论你们之间的关系多深、多密切，每个人都有自己不愿意暴露的领域。你不能因为开放了自己就要求对方对你完全地敞开心扉，更不应该随意的侵犯对方不愿意暴露的隐私，即使那个人是你的朋友、爱人或者孩子。否则，反而会让对方产生强烈的反感，从而导致他们对我们的接纳性下降。

相悦定律——喜欢，也许仅仅因为被喜欢

▶ 喜欢引起喜欢

有一个班级，同学之间相处很不和。老师知道这种情况之后，在一天上课时，他给班里每位同学都发了一张纸条，要求他们以最快的速度，写出自己所不喜欢的人的姓名。有些同学在30秒钟之内，仅能想一个，有的同学甚至一个也想不出来，但是另一些同学却能一口气列出15个之多。

老师将纸条逐一收上来后，进行了统计分析，结果发现：那些列出不喜欢的人数目最多的，自己也正是最不受众人所喜欢的；而那些没有不喜欢的人，或者不喜欢的人很少的同学，也很少有人讨厌他。

这其实正是相悦定律在起作用——喜欢引起喜欢。即人与人在感情上的融洽和相互喜欢，可以强化人际间的相互吸引，也就是情感上的相悦性。

心理学上对此的解释是，任何人都有保持自己心理平衡的稳定倾向，都要求自身同他人的关系保持某种适当性、合理性，并根据这种适当性、合理性使自己的行为，以及和别人的关系得到调整。这样，当别人对人们做出一个友好行为，对人们表示接纳和支持时，人们会感到"应该"对别人报以相应的友好应答。这种"应该"的意识，会使人们产生一种心理压力，迫使人们也表示相应的接纳行为。否则，人们的行为就是不合理、不适当的，就会妨碍自己以某种观念为基础的心理平衡。

除了这种"善意回报"心理之外，还因为喜欢我们的人会使

我们体验到愉快的情绪。只要一想起他们，就会同样想起和他们交往时所拥有的快乐，因而看到他们就自然有了好心情。更重要的是，那些喜欢我们的人，使我们受尊重的需要得到了极大满足。因为他人对自己的喜欢，是对自己的一种肯定、赏识，说明自己对他人或说对社会有较大的价值。

不过，相悦定律也有其适用的范围。一个人如果自我尊重程度较强，比较自信，那么别人表示出来的对他的喜欢和赞扬，对他的影响就不是很大。而那些具有较低自我尊重的人则不然：他们不喜欢那些给他们否定性评价的人，因为他们极不自信，所以特别需要别人的肯定，特别看重别人表达的对自己的喜欢。而实际上，我们中的大多数恰恰属于后者，这也就是为什么这一定律在人与人的交往中发挥着很大的作用的原因。

➡ 传达出去，喜欢才会引起喜欢

古人云："爱人者，人恒爱之；敬人者，人恒敬之。"如果你想让别人喜欢你，就要先喜欢对方。但是，如果你对对方的好感，没有传达给对方，那就是无效的。只是在心里想"这个人不错"是不够的，一定要把这个意思传达给对方，才能产生效果。

那么，如何才能将你对对方的好感，正确传达过去呢？

最有效的方法当然是直言不讳。

例如：世界上最了不起的卖车人乔·杰拉德，每一个节日都会给他的1.3万名顾客每人送一张问候的卡片，卡片的内容随季节而变化（新年快乐，情人节快乐，感恩节快乐，等等），但卡片的封面上写的永远是同一句话："我喜欢你。"用乔·杰拉德自己的话来说："卡片上除此之外就没有什么别的东西了，我只是想告诉他们我喜欢他们。"

乔·杰拉德正是借助于这种方式使他每年的收入都超过20万

美元，创下连续12年都赢得"销售第一名"的纪录。他平均每一个工作日都会卖掉5辆车，被吉尼斯世界纪录称之为世界上"最了不起的卖车人"。

除了这种"直抒胸臆"的表达方式，我们还可以用暗示。例如：把自己对对方的好感暗示给对方："我一向比较怕生，但是见到××先生，却一点也不觉得拘谨。""见到您，觉得心里很踏实。"……听到这样的话，只要对方不是特别讨厌你，也会立刻喜欢你的。或者还可以暗示对对方感兴趣。比如："你的个性怎么样？""中午吃的什么呢？""有没有孩子？"……对对方的这些细微的问题表现出兴趣，就暗示了你喜欢对方、关注对方，也就更容易得到对方的喜欢了。

你还可以把你对他的喜欢、尊敬，诚恳地告诉第三者，比如你们共同认识的人。一旦该信息传到对方耳中，他对你的态度一定会变得更好。

总之，"喜欢是会传染的"，只要你表现出喜欢对方的样子，往往就会让他对你产生好感，接受你。

➡ 心怀"无条件的好感"

喜欢引起喜欢，反过来也是成立的——不喜欢引起不喜欢。

心理学家曾做过这样一个实验，他们安排互不相识的被试分别参加一系列合作性活动。每次交往以后，有意安排一名被试（研究者的助手）对研究者评价其他被试（真被试），或夸奖，或抱怨，或先褒后贬，或先贬后褒，并让各组被试评价者听到。

最后，被试评价者自己选择下一阶段实验的合作者时，受到表扬的被试，都倾向于选择原来的伙伴（研究者的助手），而受到抱怨的被试，则倾向于拒绝选择原来的搭档（研究者的助手）。

既然如此，我们更要注意，尽量不要表现出对对方的不满和不喜欢。这既是一种基本的礼貌，也可以避免对方对我们产生不良印象。

非指示治疗法的创始人C．R．罗杰斯曾经说过："心怀'无条件的好感'去面对对方吧！对方必会敞开心扉，对您怀有好感。"即使你面对的是一位抑郁的初见面者，只要反复在心中默想："他是好人！"这种感觉不仅会消除自己的反感情绪，也会在不知不觉中感染对方，使其心胸敞开。相反，如果我们想："真是个讨厌的家伙。"原本未怀敌意的对方就会真的如我们所想，变成讨厌的人，也会真的对我们怀起敌意来。

比如：你在朋友的家里看到一个小孩蹦蹦跳跳，东摸西抓，片刻不停。也许你感到厌烦，但是应该表现出来吗？当然不应该。要知道，孩子是父母心中的"小太阳"。对别人家的孩子不管喜不喜欢，都要表现出喜欢的样子。这不仅是礼貌问题，也会影响到别人对你的印象。这种情况下，你可以对孩子的母亲说："这孩子真是活泼可爱！"母亲可能回答说："啊，这孩子很淘气！"然后你可以说："哦，聪明的孩子都这样！"

总而言之，把你的反感藏起来，把你的好感露出来，或许就可以帮助你迅速赢得对方的好感了。

2 玩的就是操纵术：让他人对你"言听计从"

自己人效应——套上近乎，办事就容易多了

➡ 什么是自己人效应？

每个人的内心都存有或多或少潜在的"自我意识"，都不愿意受到他人的指使。如果他认为你是在说服他，他的自我意识会变得更加强烈，不易与你的看法一致。即使你说得天花乱坠，头头是道，在他看来可能也只是为你的个人利益进行的表演，不一定愿意接受你的意见。但是如果此时你能使对方觉得跟你是"自己人"，这样，他原本坚强的防御体系就会倒下，他就会在不知不觉中信服你的说法。

这在心理学上就叫作"自己人效应"。即在人际交往中，如果双方关系良好，一方就更容易接受另一方的某些观点、立场，甚至对对方提出的难为情的要求，也不太容易拒绝。也就是说，如果我们可以给他人营造出你是"自己人"的错觉，那么，你想求他办事就容易多了。

➡ 多用"我们"、"咱们"的称呼方式

不知道大家是否留意到，演说家和政治家都喜欢在演说中频频使用"我们""我们大家"等字眼。如他们举起拳头喊："我们要趁早将牛肉自由化，使大家能吃到廉价的牛肉，所以我们必须行使我们共同的权力，以达成这个目的。"此时，成千上万的听

众也往往会同样地举起拳头附和着。这里，演说家和政治家用到的策略其实就是"自己人效应"。因为用到"我们"这一字眼，即使他们是为了个人的利益，但是给听者的感觉却是：这是与大众的切身利益相关的。简单的几句，便笼络了大众的心，使众人产生了"命运一致"的感觉。

相信很多人都能理解这个道理：当听到说"你们"的时候，给人的感觉是说话的人与听话的人处于不同的立场，分属不同的团体。当听到说"我们""咱们"的时候，就表示两者处于同一个立场上，同属一个团体。这样就能够在心理上拉近彼此的距离，消除对方的戒备，也能够有效的达到影响对方的作用。

▶ 找共同点，才有共同语言

正所谓："物以类聚，人以群分。"心理学家认为，各种情况的相似，都能引起不同程度的人际吸引。共同的态度、信仰、价值观、经历和兴趣；共同的语言、种族、国籍、出生地；共同的民族、文化、宗教背景；共同的教育水平、年龄、职业、社会阶层；甚至共同的身体特征，如身高、体重等，都能在一定条件下，不同程度上增加人们之间的相互吸引力。

说白了，所谓"自己人"，其实就是与自己存在着某些共同之处的人。因此，在与人交往过程中，我们可以积极创造条件，努力形成双方的共同点，从而使双方都处于"自己人"的情境中，那么接下来，如果有什么事想要对方帮忙的话，也会容易多了。

当然，这世上没有谁和谁一开始就是同一频率的，尤其是与人初次见面时，但是，生活在同一时代、同一国土，要是善于寻找，何愁没有共同语言？例如：一位哈佛大学的教师和一名泥水匠，两者看似是话不投机的。但是，如果这个泥水匠家里有孩子正在哈佛上学，那么，两者可就如何教育孩子各抒己见，交流看法；如果这个哈佛大学的教师正在盖房或修房，那么，两者可就如何购买建筑材料，选择修造方案沟通信息，切磋探讨。只要双方留意、试探，就不难发现彼此有对某一问题均相同的观点，某一方面共同的兴趣爱好，某一类大家关心的事情。

一般来说，我们可以在以下几个方面作出努力：

话题上：要谈论对方所关心的话题，只有对方对你的话题感兴趣，交流才能继续下去。如果对于你所高谈阔论的一切，对方只是在心里嘀咕"这与我有什么关系"，那么，即使你的思想再高明也是一次失败的沟通。正所谓："酒逢知己千杯少，话不投机半句多。"

语调上：真正聊得投机的人，必定是语气相称，声调相合，语速同步，声音大小相宜。假如交谈的双方，一个气定神闲，一个火急火燎；一个慢条斯理，一个抓耳挠腮；一个像诗朗诵，一个像说唱，那一定是早早收场不欢而散。

体态上：应该根据对方心情的表露，调整自己的表情和神色。假如对方一脸阴沉，言语透露着沮丧，看上去像遭受了挫折和打击，你却嘻皮笑脸地迎上去，玩世不恭地跟他说笑，结果可想而知。如果你此时可以尽可能多说一些安慰体贴的话，对方的感受就会好很多，并且觉得你是一个善解人意的人。

观念上：要充分尊重对方的思想观念，不要轻易去挑战它，更不要试图将自己的思想观念强加于人。比如：当和对方的想法发生分歧时，绝对不能张口就来"你错了"或者"你怎么会这么想呢"，这样说的结果，很可能就是在以后的交流中，被对方打入冷宫，不愿再和你交流。正确的做法是和对方求同存异，尽量找到和对方思想观念上的共同点，而不要只盯着不同点不放手。你可以这样说："原来还可以从这个角度看问题，很有意思。"或者说："你是这样想的吗？我没有想到这些。"当你这样说的时候，你并没有迫不及待地亮出自己的价值观去教育对方，也没有立刻否定自己、改变自己的立场，而是既显示了对对方的尊重，又展示了自己作为一个沟通高手应有的礼貌和风度。

风格上：这主要是指你在词语的色彩、句式的选择等方面也要与对方合拍。例如，如果对方说话有条有理、逻辑性强，那么，你就最好全神贯注，有条不紊地交谈，千万不要毛躁，流于肤浅，信口开河；如果对方说话爱发感慨，爱用形容词，喜欢抒发自己的感受，并且把事情描述得生动形象，那么，你不妨也多用一些形象生动的语言或直抒胸臆的语句，千万不要干巴巴地讲道理，他很可能是听不进去的；如果对方是一个新新人类，开口闭口就是"哇，太棒了""简直酷毙了"，你就不要对他说"古人曰，有朋自远方来……""此话差矣……"这话一出就表示双方不是一路人，自然聊不到一起去。

有道是，是"自己人"，什么都好说，不是"自己人"，一切按规矩来。当你营造出和对方是"自己人"的感觉，那么跟对方办事就容易多了。

好心情定律——选别人心情好的时候去沟通

➡ 好心（心情）生好心

心理学家认为，一个人心情好的时刻，也是他最大方、待人最和善的时候。一个好心情的人眼中的世界是明亮的，充满了阳光和希望；而一个人心情差时，则会表现得比较抠门，对别人的求助充满冷漠和厌恶。一个坏心情的人，看谁都不顺眼，生活糟透了。在他眼中，每个人都在算计他，都在给他挖坑设套。此时你若张开金口，求他办事，多半会成为吃闭门羹的倒霉蛋儿。

对此，曾经有人做了这样一个心理学实验：

在路边摊的桌子上放10美分硬币，让来就餐的人捡到这"意外之财"，然后，等他们离开的时候，故意从他们身边经过，掉落东西。看看有多少人会帮忙捡起来。

结果证明，有88%以上的人会帮忙捡起。

那么，如果没有那"10美分"的前奏曲，结果又如何呢？

调查显示，没有在摊前捡到钱的人当中，只有7%的人帮助捡起落下的东西。

这个7%与88%的对比实验，就充分证明了：人如果具有好心情，就更倾向于积极的行为。这就是"好心情定律"。

➡ 有时，就是要"看人脸色行事"

我们常常将"看人脸色行事"视为一种无可奈何的隐忍或者趋炎附势的拍马屁行为，其实，它还有一种含义，是形容为人十分机灵，善于察言观色，能够巧妙应对各种场面，这时，它则是一种处事的智慧。

一家五金公司的业务经理，有一次，打算去拜访一位重要客户。在拜访这位客户之前，他搜集各方资料，了解到这位客户有一个特殊的爱好，就是特别喜欢打高尔夫球。于是，他打电话给对方约定在高尔夫球场见面。

简单的问候之后，业务经理发现客户的表情很不愉快，似乎还带着怒气，便把他要说出来的话硬生生此咽了回去，只是一味地陪着对方打高尔夫球。

几个回合下来，对方已大汗淋漓。业务经理见此，立即将一瓶饮料递了过去。那位客户接过饮料，一饮而下，然后，深深地喘了一口气。这时，业务经理立即把自己准备已久的话题说了出来："想必您平常经常来打高尔夫球吧，刚才那几杆真是打得太好了！"客户立即来了兴趣："那是，我一不高兴就来打高尔夫球。不过，我有一个不好的习惯，在我心情不好时打高尔夫球就特别不喜欢别人打扰我。"听到这里，业务经理暗暗松了一口气：幸亏我一开始就注意到他那副气冲冲的样子。他附和着客户说道："每个人都是这样，心情不好时，都不喜欢被人打扰。"

……………

两人又聊了一会儿后，业务经理发现客户心情大好，便说道："那请先生看看我们公司的产品怎么样？""把资料与样本给我吧。"客户细细地看了看后，就大笔一挥签下了自己的名字。后来，业务经理才知道这位客户在来高尔夫球场之前刚刚与上司发生了争吵。

故事中，在客户心情不好时，业务经理选择沉默；客户心情逐渐转好时，他又找准了对方感兴趣的话题，并恰当地赞美了对方；直到客户心情大好时，他才开始与之讨论洽谈事宜。最后成功签下订单也是情理之中的事。

同样一个人，同样一件事，你开口的时机不对，结果很可能就完全不同。所以说，有时候，我们就是要学会"看人脸色行事"！在别人遇到喜事临门、有意外收获的时候，让他帮忙做一些事，这一定比平时的成功概率要高。

➡️ 没有好心情，创造好心情

不过，在现实生活中，一个人不可能总不是遇到好事，保持好心情的。有时候，为了让对方更容易答应我们的请求，我们还可以想办法"送"给对方一个好心情。

日本有一位著名的保险推销员叫原一平，被称为"推销之神"，就很明白人的这个心理特点。在推销保险的时候，每当有客户问他："投保的金额要多少呢？我每个月要支付多少钱啊？"原一平会立刻把问题岔开："有关投保金额的问题以后再说。因为您是否能投保，要到体检后才能确定，所以目前最重要的问题，还是赶快去体检。"这样回答之后，有99%的客户不会再追问下去。

原一平为什么这样做呢？他解释说，因为在体检之前，"关于投保金额的问题，您还没有权利问我"合情合理；而等到体检通过，与客户谈妥投保金额之后，就要立刻收保费，绝不能耽搁。因为体检刚通过，证明自己身体健康，任何人心情都会比较愉快，这是收保费的最佳时机。万一耽搁了这个时机，就可能发生延期投保或降低保额等问题。原一平还认为，一旦收完保费，不管你跟这位客户关系如何亲密，都要赶快离开。因为人在缴付了一笔金额不少的保费之后，心中会有一种错综复杂的情绪，过一会可能想想不妥，改变主意也是有可能的。"我刚缴了保费，不过想想实在太多了，我想还是把保额降低到××元，以后看时机再增加吧！"如果因为逗留而招来这句话，就太冤枉了。所以，见好就收也是让好心情效应发挥作用的关键。

现实生活中，我们还可以通过给对方送个礼品，或者送个夸赞等等来制造他人的好心情。所谓嘴甜好求人，许多聪明人仅凭一张嘴就能让别人心甘情愿、毫无怨言地帮助他。

不过，如果正好赶上对方心情不好时，应该怎么办呢？你可以选择"暂避风头"。

有位记者去某足球队采访，一进门，发现休息室气氛沉闷。教练铁青着脸，双眼圆睁；队员们耷拉着脑袋，垂头丧气。他赶紧退了出来，取消了这次采访。后来，他打听到，原来球队刚刚在比赛中吃了败仗，正在恼气。倘若当时他不识趣地硬去采访，不仅不会有什么收获，而且可能会挨骂。

不过，有时候，如果你看到对方心情不好，就立即走人，也会让对方感觉到你跟他就是公事公办，没有个人感情可言，那么你下次再去谈，他在内心里就会跟你有距离，对你这个人也不太会有好感。其实，从某种角度来说，人在心情不好的时候，也是公关最好的时候。例如我们经常见到或听说这样的情景：女孩子心情不好的时候，刚好有一男孩子来安慰她，后来他们坠入了爱河。因此，当你看到或了解到对方心情不好时，可以写条安慰的短信或者微信发给他；也可以写张小纸条或小卡片，留上安慰的话，由他人转交；买束花也行，如果条件允许的话……这样，对方一定会对你印象非常好的。

总而言之，只要你记住"好心情定律"，并善于利用这个规律，在别人心情好的时候再去沟通，那么，你的成功率一定会大大提高。

登门槛效应——两点之间，并非直线最短

➡ 登门槛效应的概述

美国心理学家曾做过这样一个实验：

他派人随机访问一组家庭主妇，要求她们将一个小招牌挂在她们家的窗户上，这些家庭主妇都愉快地同意了。过了一段时间，再次访问这组家庭主妇，要求将一个不仅大而且不太美观的招牌放在庭院里，结果有超过半数的家庭主妇同意了。

与此同时，派人又随机访问另一组家庭主妇，直接提出将不仅大而且不太美观的招牌放在庭院里，结果只有不足20%的家庭主妇同意。

不言而喻，前一组的家庭主妇同意率之所以超过半数，是因为在这之前对她们提出了一个较小的要求；而后一组的家庭主妇同意率之所以不足20%，是因为在这之前对她们没有提过较小的要求。换句话说，一下子向别人提出一个较大的要求，人们一般很难接受，而如果逐步提出要求，不断缩小差距，人们就比较容易接受。

这主要是由于人们在不断满足小要求的过程中已经逐渐适应，意识不到逐渐提高的要求已经大大偏离了自己的初衷。并且人们都有保持自己形象一致的愿望，都希望给别人留下前后一致的好印象，不希望别人把自己看作"喜怒无常"的人，因而，在接受了别人的第一个小要求之后，再面对第二个要求时，就比较难以拒绝了。

心理学家就将这种心理现象称为"登门槛效应"，又叫"得寸进尺效应"。

➡ 得寸进尺，不是贬义词

伊索寓言中有一个《石头汤》的故事，不知道你听过没有。

故事是这样的：

> 一个风雨交加的日子，有个饥寒交迫的穷人到富人家门口，对看门的仆人说："你让我进去吧，我在你们的火上烤干衣服就行了！"仆人认为这点要求不算什么，就让他进去了。然后这个可怜人请求厨娘借给他一口锅，以便让他"煮点石头汤喝"。
>
> "石头汤？"厨娘很惊讶，"我倒是想看你怎样把石头做成汤。"于是她答应了。穷人在路上捡了块石头，洗净后放进锅里煮，这时他又对厨娘说："可是，我总得放点盐吧？"厨娘又给他一些盐，后来又给些碎菜叶，甚至是一些拾到的碎肉末。后来，这个可怜的穷人把石头捞出来，扔到路上，然后美美地喝了一锅肉汤。

故事中，仆人和厨娘之所以都没有能拒绝穷人的一再要求，就是因为"登门槛效应"在发挥着作用。

现实生活中，那些被称为"直肠子""一根筋"的人，最好都来学学这个穷人，把自己的"直线思维"变一变。当你需要向对方提出一个比较大、比较容易被拒绝的要求时，可以先提出一个较小的要求，一旦被答应，再提出那个较大的要求，这时候才有更大的被接受的可能性。

当然，我们在运用这一技巧时，注意其本身也存在着一定的技巧：

1. "门槛"别太高

不要以己度人，因为可能你所谓的小要求，对方却很难达成。这就要求我们在提出正式要求之前，要做足充分的准备，将对方的实力调查清楚。比如，你是一个管理者，交给下属一件你认为的小事，他却没有办好，极有可能是你没有事先了解清楚，而高估了他的能力。相反，当你了解他的做事习惯、办事能力后，再提出一个只要比过去稍有进步的小要求，当他们达到这个要求后，再通过鼓励，逐步向其提出更高的要求，这样他容易接受，你的预期目标也容易实现。

2. "尺" 度要把好

现实生活中，我们经常会将那些进门之后，直接向我们推销产品的推销员拒之于千里之外，就是因为他们没有把握好"得寸进尺"的"尺"度。许多销售员获得特许，登了门槛、也得了寸后，便得意忘形，提出销售的意图，事实上，此时，我们的内心还并没有消除对销售员的戒备状态，可想而知，我们是不会买他的账的。因此，我们在求人办事、向别人提请求时，就要吸取他们的教训，不能急功近利，否则只会事倍功半。

另外，还要知道，也有一部分人，登门槛效应对他们根本起不了作用，对于这一类人，我们应该做的是"另寻出路"。

▶ "登门槛效应" 反着用——留面子效应

其实，"登门槛效应" 还可以反过来用，即人们拒绝了一个较大的要求后，对较小要求接受的可能性增加的现象。

曾有一个心理学家做过这样一项研究，他将参与实验的数名大学生分为两组。首先请求第一组大学生花费两个小时带领少年们去动物园玩一次，但是只有六分之一的学生答应了。接着，心理学家来到第二组大学生面前，请求他们花两年的时间担任一个少年管教所的辅导员，当然是义务劳动，不会给任何报酬。这是一件费时费力的苦差事，几乎所有的大学生都拒绝了。心理学家又提出了一个小要求，请他们带着少年们去动物园玩两个小时。结果，一大半的大学生都答应了这个请求。

心理学家认为这是一个"留面子效应"。留面子效应的产生主要是因为人们在拒绝别人比较难的需求时会感到自己没有能够帮助对方，而损害了自己乐于助人，富有同情心的美好形象，并会因为感觉辜负了他人对自己的良好愿望而感到内疚。为了恢复在别人心目中自己的良好形象，也为了达到自己的心理平衡，如果对方在这时再提出相对容易的一点小要求时，便会欣然接受。

这对于我们的启示就是先大后小、先难后易的办事方式。正如鲁迅先生在其《无声的中国》里面的一段精彩论述："中国人的性情是总喜欢调和，折中的。譬如你说，这屋子太暗，须在这里开一个窗，大家一定不允许的。但如果你主张拆掉屋顶，他们就会来调和，愿意开窗了。没有更激烈的主张，他们总连平和的改革也不肯行……"其中体现的正是"留面子效应"。小的要求不同意，但是大的要求更不能接受，相比之下，小要求容易接受多了，那就还是接受小要求吧。

因此，当你想让别人为自己办某事情之前，就可以先提出一个大到别人根本不可能做到的事情，待别人拒绝且有一定歉意后，才亮出自己真正要让对方办的事。由于前面拒绝了太多，人们往往为了留些面子会尽力接受最后的这项要求。

当然，留面子效应的关键还在于双方认同，用得好了可以使沟通、交流事半功倍。它是否会发生作用，关键也在于双方关系的亲密程度以及要求合理程度。

3 爱的修炼：最美好两性关系的经营之道

刺猬法则——越害怕失去的就越容易失去

➡ **跟刺猬学相处之道**

你知道刺猬在寒冷的冬天是如何取暖的吗？

生物学家做了这样一个实验：他将十几只刺猬放到户外的空地上，刺猬们被冻得浑身发抖，为了取暖，他们只好紧紧地靠在一起，而相互靠拢后，又因为忍受不了彼此身上的长刺，很快就又各自分开了。可天气实在太冷了，它们又靠在一起取暖。然而，靠在一起时的刺痛使它们不得不再度分开。挨的太近，身上会被刺痛；离的太远，又冻得难受。就这样反反复复地分了又聚，聚了又分，不断地在受冻与受刺之间挣扎。最后，它们终于找到了一个适中的距离，既可以相互取暖，又不至于被彼此刺伤。

"疏者密之，密者疏之"，这其实就是"刺猬法则"的含义，也是刺猬们要教给我们的社交法则。人与人之间也应该找到这样一个最合适的距离，既能保持彼此之间的美好印象，又能避免因为走得太近而带来伤害。

➡ **爱不是约束**

每个人都有自己的选择方式，有自己的想法，有自己的定位，每个人的世界都是一个相对独立的空间。没有人能容忍他人擅自闯入自己的空间，即使最亲密的两个人之间也是一样。

也就是说，在感性的爱情里也不要忘记留存一点理性的生活空间。爱情中，男女也应该是两个独立的个体，拥有自由的私人空间、拥有自己的朋友、自己的爱好、自己的事业。不要试图去主宰什么，因为这世上没有任何一个人愿意成为他人的傀儡。给爱人一个私人的空间，给爱人一定的自由，就是给予信任和尊重，我们也会因此而收获更多的尊重和爱。

感情是最在乎尊重和平等的。不用说，有这种见地和胸怀的女人，男人自然会感到她的可爱了。因为任何一个人在爱上另一个人的同时，并不希望在爱的约束下丧失自己的一方世界。

然而，现实生活中，很多人，尤其是在爱人"成了气候"，而自己还在原地踏步的人，因为心中那份危机感，便拼命想"抓紧"爱人，比如干涉对方的生活，除了管生活小事，还要管他（她）的钱包、查看他（她）的短信，就连对方的工作都恨不得插一手。可结果呢？管来管去两个人感情只会越来越糟。因为你的这种爱已经成为一种沉重的枷锁，套在了对方的身上，对方已经感觉不到一丝爱的甜蜜。其实，真正的爱情应该是默契、宽容和理解，真正的爱，不会阻止爱人身心释放地去闯荡人生。

你要记住：越害怕失去的就越容易失去。这道理就像抓沙子，你手握得越紧，沙子从指缝间泄落得越多，你松松的捧起它，反而会收获满满。因此，聪明如你，请尝试着让自己的心灵变得通达起来，在适度的自由、放任中，使爱坚固和永恒。

➤ 爱也不是依赖

爱情中的两个人，往往是同住一室，共宿一床，同吃一锅，只要一方有的另一方也少不了，因而有些人就产生了依赖对方的想法：自己不会做饭干脆不做，再晚也要等着对方来做，实在等不回来了，就下馆子；电路故障、下水道堵塞、电器损坏等，一概无可奈何，就等着对方来处理这一应让人堵心的事……

像这样的，天塌下来也有对方给顶着的想法的人肯定不少。而这种想法，迟早会变成一根刺，刺跑对方也刺伤自己。

也许从表面看，过度的依赖是爱的一种表现，实际上却是对爱的一种掠夺和占有。因为正常的依赖是一种相互支撑和心理满足的一种状态。但爱情中的过度依赖者，却只在乎别人能为他们做什么，却从不考虑自己能为对方付出多少。他们苦思如何获得他人的爱，甚至没有精力去爱别人，如同饥肠辘辘者只想着向别人讨要食物，却不能拿出食物帮助别人。他们寂寞和孤独，永远无法体验到满足感。尤为可怕的是，他们甚至不知自己患上了"依赖症"。他们不能够突破自我界限，其人生价值依赖于同别人的情感关系。或许他们未必永远自私自利，但其动机无非是想牢牢抓住某个人，获得需要的关心和照顾。假如无法达到目的，他们就不会为别人（乃至为自己）做任何事情。所以，这也就不是真正意义上的爱。

其实，最美满的婚姻，就应该是这样：男女双方形成一种内在平衡的关系，即双方都拥有各自的人际关系、经济基础、生活空间与事业，既互为依靠，又各自独立，这也是生活的智慧。

因此，如果你们是真心相爱，就不要把对方当成唯一的依靠。要知道，这个世界上，婚姻的大厦是要两个人共同建设的。指望从别人那里得到依靠，得到快乐，都是不现实的。与其等待别人付出，不如自己主动去付出。这才是对待爱情的积极的态度。只有两个人都抱着这样的态度，去建设自己的感情，感情才最有可能朝向健康的方向发展。

投射效应——一个脑子经营不了两个人的爱情

➡ 人这辈子最容易犯的错误

中国当代作家王蒙说，人这一辈子最容易犯的错误有两条，一曰以己贬人，二曰以己度人。第一条说的是过高估计了自己，而过低估计了旁人。而第二条就是我们这里要谈的"投射效应"。

心理学家罗斯为了研究这一心理学效应，做过这样一个实验：

他选定了80名参加实验的大学生，并向他们征求意见，是否愿意背着一块大牌子在校园里走动。结果，48名大学生同意背牌子在校园内走动，并且认为大部分学生都会乐意背，而拒绝背牌的学生则普遍认为，只有少数学生愿意背。

通过这个实验结果可见，这些学生将自己的态度投射到了其他学生身上。

就其表现形式而言，有两种：一是感情投射，即认为他人的好恶和自己相同，把他人的特性按照自己的思维方式来理解，也常常认为别人理所当然地知道自己心中的想法；二是认知缺乏客观性，认为自己喜欢的人或事都是美好的，自己讨厌的人或事都是丑恶的，常常陷入偏见的泥潭而不自知。

但不管是哪种表现形式，心理投射效应的发生都是因为人的主观意识在作祟。所以我们有必要通过保持理性来克服，时常有意识的换位思考，从而消除这种效应带来的不良影响。

➡ 心有灵犀，大概只是个传说

许多人常常将"爱我就应该懂我""不需要我开口，你也应该知道我在想什么，需要什么"作为衡量爱人是否真正爱自己的标准，并在生活中加以实践。

这样，你就上了"投射效应"的当了！这个世界上从来就不存在真正不需开口说就能有的心有灵犀。

有一对结婚近60年的夫妇，每次家里吃鸡时，妻子总是把鸡脖子夹给丈夫，因为那是她最喜欢吃的地方。但是，丈夫却并不这样认为，因为丈夫最喜欢吃鸡翅膀，而每次妻子总是把那块"最好的地方"独吞。

有一天，丈夫终于忍无可忍，气愤地吼道："快60年了，为什么每次吃鸡的时候，脖子都要给我，你自己怎么不吃？"妻子吃惊地看着平日温和的丈夫，惊呆了，好久才小声说道："我以为那块是最好的。我一直喜欢吃鸡脖子的，于是就给了你。"

丈夫听完这句话流下了眼泪。由于没有了解对方真正的心意，两人误会了将近60年。

其实近60年中，哪怕妻子能有一次，说一句"我最喜欢吃鸡脖子了，但是，我爱你，所以我留给你吃"这样的话，也不会有那么多年的误解了！

爱情是需要表达的！把心中的感受说出来，爱人之间才能更好的交流，从而建立更加密切的关系。你应该明白双方对任何一个问题的看法都需要交换意见，那种只一个眼神就明白一切的场景只是小说和电影。在现实生活中，对社会问题的认识、工作压力、孩子教养、夫妻生活等都要靠相互的交流来解决。当你重视自己的感受，并能用适合的话语把这些感受清楚地表达出来，就能够给对方更多的机会来了解自己。

➡ 欣赏对方的不同，拥抱彼此的差异

每一桩爱情都是从差异的吸引力开始的。但时间一长，由于投射效应的发生，我们总是自觉不自觉的想让对方去做自己喜欢做的事情，和对方讨论自己喜欢讨论的问题。

但是，正如这世界上没有两片完全相同的叶子一样，也不太可能有两个喜好完全相同的人。长期要求对方喜欢自己所喜欢的，结果只有两种，一是让对方变成另一个自己，二是让对方因此反感，最终远离我们而去。而完全同化一个人的可能性，是非常小的，所以更多的可能是导致对方产生厌烦感。

其实，虽说爱情是"合二为一"的过程，但前提是必须建立在承认"二"的基础上，而且，这个"一"既不是你，也不是我，而是两个人相容且相融的整体。双方都能容许另一方成为一个自由独立、有所分别的个体，这才是爱情成熟的一个重要标志。

罗纳德凭惜自己的聪明头脑和专业实力，短短几年就成为企业的高层领导，事业之路走得一帆风顺。而妻子还和几年前一样，在幼儿园里做教师。为了让妻子和自己一起进步，罗纳德给妻子报了各种各样的补习班，课余时间就让妻子去进修五花八门的课程。妻子对那么东西不感兴趣，但又不忍心打消他的积极性，只好硬着头皮去了。

一天，他去接妻子下班，看见妻子正带着一群小孩子在小操场上做游戏。在孩子们的簇拥之下，妻子如同一只小鸟一样，愉快地飞来飞去。他忽然想起了第一次见到妻子的情景，她也是这样的快乐、自在，而他恰恰是被她的快乐所吸引才展开了猛烈的追求。他终于明白了妻子在他面前闷闷不乐的原因，暗自嘲笑自己的愚蠢。妻子即使钢琴没过十级又

有什么关系，她喜欢的是跟孩子们在一起的感觉，那些培训和课程、对她来说根本没那么重要。

于是，他立即打电话为妻子取消了所有的课程。并庆幸自己能有这样一个了解妻子的机会。

爱情需要的是彼此站在对方的角度，多考虑对方的感受，而不是一味站在自身的角度，用自己的想法去苛求对方。

坚持自己的生活方式没有错，可既然我们选择了对方，就必须包容理解并积极参与到对方的生活方式中，并好好地生活。只有这样，我们才能更了解彼此。因此，我们在坚持自己的生活方式的同时，也要多拿出一份耐心和精力去包容理解别人的生活方式，只有这样，才能得到另一半的尊重。

说到底，爱情，就是一个求同存异的过程。无论两个人之间有多少类型的区别，之间的区别多么的显著，最重要的还是双方对于这些差异的处理方式。

第一，让差异成为一种互补，这是让两个人之间的差异发挥其美好效果的重要观念。

试想，如果和一个"克隆"自己思想的人一起生活，这将是一件非常枯燥无味的事。因此，两个人形成互补，在某种程度上应该是一件好事。当爱人有不同意见时，那等于是在扩大你的视野，丰富你的世界，你不再局限于自己小小的天地。你需要以一种谦卑的心态去倾听对方，即使在某些你深信自己正确的事情上，仍尊重对方的感受与意见，这样既丰富了自己，也快乐了别人。

第二，走进彼此的内心世界，那么，每个人都会因别人的欣赏而受到鼓舞。

经常问问自己"他为什么会这样想?""她为什么要这样做?"而不要轻易贬低爱人的想法，不要因误解而让双方受到伤害。因为对方和你一样，也有个人的意愿，要将心比心地了解对方的出发点和需要。因为你进入爱人的世界，就代表你对他（她）的爱、对他（她）这个人的欣赏。每个人都会因别人的欣赏而受到鼓舞。

第三，拥抱真实的爱人，爱情就是因为彼此的包容而存在。

一个人就是因为同时具备了优点和缺点，才会完整。煞费苦心的推动、引导、控制，甚至诱骗对方做出某些改变，往往是无用功，甚至会适得其反。因此，真正有意义的改变是我们勇于去改变自己的心态，对爱人那些改不了的习惯我们只能包容。当我们以一个爱人的身份，以一个和他（她）同行者的身份去看待他（她）的时候，就会明白手牵手往前走比和对方争输赢更重要。

总而言之，我们必须学会珍视爱人的独特品质，欣赏对方的不同，拥抱彼此的差异，要知道，充满两个人声音的爱情，那才是真正的爱情!

费斯诺定律——人有两只耳朵，嘴巴却只有一张

➡ 第三个小金人

"费斯诺定律"——人有两只耳朵一只嘴巴，这意味着人要多听少讲——是由英国联合航空公司总裁L·费斯诺提出的，其核心意义就是倾听。善于倾听别人的意见，既是对他人的尊敬，又赢得他人对自己的尊敬。同时，听取不同的意见又有益于自身的改进。

这其实与《三个小金人》的寓言故事所隐含的含义有异曲同工之妙。

在古代，有一个小国的使者到中国来进贡，贡品是三个一模一样的金碧辉煌的小金人。

皇帝非常高兴，可紧接着，这个使者出了一道题目——这三个金人哪个最有价值？一时之间难倒了众人。皇帝想了许多的办法，请来珠宝匠检查，称重量，看做工，都是一模一样的。怎么办？

这时，一名老臣站了出来，说他有办法。老臣命人拿来三根稻草，分别插入三个金人的耳朵里。第一个金人的稻草从另一只耳朵出来了；第二个金人的稻草从嘴巴里直接掉出来；而第三个金人，稻草进去后掉进了肚子，什么响动也没有。老臣说：第三个金人最有价值！

使者连连点头，答案正是第三个小金人。

可见，最有价值的不一定是最能说的人，善于倾听，才是最有价值，这也是成熟的人应具备的基本素质。

➡ 放出耳朵：把最大的耐心留给最亲爱的人

其实，说到倾听的重要性，道理大多数人都懂，也能将其运用到与朋友、同事的日常相处中。但是，能够做到耐心倾听爱人不断重复说着同一个故事，愿意安静包容爱人的满腹理想或委屈，不反驳、不指责，只是默默地支持，这样的人却是少之又少。

弗朗西斯匆匆忙忙地回到家里，顾不上喘气，兴奋地嚷道："亲爱的，你知道吗？今天真是个值得庆祝的日子！董事会把我叫过去，向他们详细汇报有关我做的那份区域报告，他们称赞我的建议非常不错……"

他的妻子却没有表现出高兴的样子，显然想着别的事情："是吗？挺不错。亲爱的，要吃酱猪蹄吗？咱们家的空调好像出了点问题，吃完饭你去检查一下好吗？"

"好的，亲爱的。我终于引起董事会的注意了。说真的，今天在那么多董事会成员面前，我都紧张得有些发抖了，不过情况很好，甚至连老总都很赞赏，他认为……"

他的妻子却打断他的话："亲爱的，我觉得他们根本不了解你，也不重视你。今天孩子的老师打电话来，要找你谈一谈，这个孩子最近成绩下降了不少。对于你的宝贝儿子，我真是不知该怎么办。"

弗朗西斯终于不再说话了，他想他的妻子是不会听的。他现在应该做的就是把酱猪蹄吃下去，然后去修空调，接着给孩子的老师回个电话。可是，他对这一切似乎都没有了兴趣。

这是不是现在很多夫妻的沟通模式？他们虽然在对话，但谁也没听进谁说的，这种交流危机正是因不能耐心地倾听对方的倾诉所致。

其实每个人在烦恼和喜悦后都有一份渴望，那就是对人倾诉，并希望倾听者能给予理解与赞同。丈夫向妻子倾诉工作中的烦恼，是希望妻子能体谅他工作的辛苦；妻子向丈夫倾诉生活中的琐事，也是希望得到丈夫对自己努力的肯定。如果对方每次都表现得很不耐烦，说话的一方自然也就失去了兴趣，爱人之间就会出现可怕的沉默，爱情自然也会暗淡下来。

两个人生活在一起，一定要学会耐心聆听对方的倾诉，这才是爱情长久的秘密。所以，无论你的身心多么疲惫，都尽量不要表现出一丝不耐烦。甚至你还要用眼睛、脸孔，甚至整个身体去倾听爱人的话，而不仅仅是耳朵。因为倾听，不只包含听到对方说什么，还包括观察到对方非口语行为所蕴涵的意义，注意到其手势、表情、神态、声调、身体动作，然后对于所听到、观察到的，给予适当而简短的反应，让对方知道你在听。或者，在对方倾诉烦恼时，将你的意见或者建议反馈给爱人，事实上这也正是你倾听对方说话的最好证明。

正如杰利密·泰勒所说："倾听是女人的魅力之一。微笑着倾听丈夫烦恼的女人，远胜过空有一张漂亮脸蛋却喋喋不休的女人。"其实，不管是男人还是女人，都可以将聆听作为一种最好的沟通手段，听爱人的喜怒哀乐，听爱人的"疯语癫言"，让感情在倾听中不断加深。

第六章

看不见硝烟的战场：真金白银砸出来的至理

仅凭一腔热情，用"盲人骑瞎马"的方式做事，跌倒在前人一次次跌倒的地方，是一件很傻的事。那些前辈们用真金白银砸出来的至理，我们还是花一点时间学学为好。

1 决策者的智慧：充分发挥自己的理性

格式塔理论——见树木，亦要见森林

➡ 整体与部分之和的关系

在我们的常规观念中，局部事物累计在一起，一定是等于一个完整的事物，比如把一个苹果切成四瓣，那么这四瓣苹果再合在一起，就是整个苹果。

但"格式塔理论"却给出了相反的观点——"部分相加不等于整体，整体要大于部分之和。"例如，手与手指的关系，音符与旋律的关系，氢气、氧气与水的关系都非常准确的解读了其中的意义。

这一心理学定律，能够帮助我们从整体去认识事物，避免"只见树木不见森林"的片面性的错误。

➡ 站在高处：放眼全局

"格式塔理论"对管理者的一个重要启示就是要学会系统化思考。事实上，这也是作为管理者最基本也是最重要的一点要求。现实生活中，我们经常看到，有些地方才修好的马路，因铺设下水道，只好又重新挖开，使新路面出现不应有的"伤疤"，可是不久又因要埋电缆、铺煤气管……一次又一次地挖了填，填了挖，结果好端端的路面被弄得凹凸不平。这种劳民伤财的做法，实际上就是由于领导者缺乏"通盘谋划""系统思考"的能力。

因此，管理者必须要学会系统化思考，尽量从事情的整体去考察，避免"只见树木、不见森林"的片面性思考，这样考察问题才不会有所遗漏。

当然，事物的整体并不总是会自动显现在我们眼前，因此有时需要我们做一些整理工作，才能把单一的事项串联成一个整体。

我们可以用"系统树"的方式，把整体的关系做成"树"状分布，而使所有的关系一目了然。比如：在我们拟定一项计划的时候，可以先想想：什么是非做不可的？接着：需要多少人手？多少器材？多少预算？然后：决定如何保有必要的人手，器材？怎样和经理交涉，以获得足够的预算？人手如果不够，是否需要雇佣兼职人员？如何聘雇？……这样，把每一个环节列为工作的"分支"，然后掌握全盘状况。然后，再考虑：在推行计划时会遇到什么问题？该如何处理？等等。这样设想，整个工作计划就比较容易完成。

不过，在这个过程中，管理者还要避免走入一个"胡子眉毛一把抓"的误区。要知道，善于抓住和集中力量解决主要矛盾，是管理者正确地制定一切战略的依据，也是管理者正确处理大局问题的依据。管理者抓住关键，才可能正确地确定战略目标和任务，进而制定正确的方针政策，集中主要力量解决主要问题，决不可不分主次先后、轻重缓急。由于主要矛盾和非主要矛盾在一定条件下可以相互转化，管理者又必须注意分析和预见到管理工作不同发展阶段上主要矛盾的变化，及时调整战略目标，集中主要力量去解决新的主要矛盾，才能自觉地、有计划地由一个中心环节转移到另一个中心环节，不断开创工作的新局面。

➡️ 望向远处：深谋远略

没有大局观念，会让我们走许多弯路；没有远见，可能就会让我们徘徊观望、丧失良机。尤其是现在的管理环境和组织生存环境变化剧烈、组织规模庞大、利益冲突多样化等特征，更加要求领导者不仅有强烈的大局意识，更要深谋远虑，不为局部、一时一地的变化所迷惑，这有这样才能够及时的做出正确的决策。

有三个年轻人结伴外出，他们希望打出自己的一片天地。

他们在一个偏僻的山镇发现了商机。当地特产一种又红又大、味道香甜的苹果，但受信息、交通所限，仅在当地销售，且售价非常便宜。

第一个年轻人，立刻用全部的钱购买了苹果，运回家乡后以高两倍的价格出售，这样往返数次，他成了家乡第一名万元户。

第二个年轻人，用一半的钱，购买了苹果苗，运回家乡后，用另一半的钱承包了一片山坡，整整三年时间，他种出了一片果林，却没有一分钱的收入。

第三个年轻人，只带了一把果树下的泥土回家。他把泥土送到农业科技研究所，化验分析出泥土的各种成分、湿度等。然后，他承包了一片荒山坡，用整整三年的时间，开垦、培育出与那把泥土一样的土壤。然后，他在上面栽种了苹果树苗。

10年之后，我们再看这三位年轻人，他们的命运已迥然不同：

第一位购苹果的年轻人，现在每年依然还要购买苹果，运回来销售，但是因为当地信息和交通已经很发达，竞争者太多，所以每年赚的钱很少，有时不赚甚至赔钱。

第二位购买树苗的年轻人，早已拥有自己的果园，但是因为土壤的不同，长出来的苹果有些逊色，但是仍然可以赚到相当的利润。

第三位带泥土回来的年轻人，他种植的苹果果大味美，和原苹果相比不差上下，每年秋天引来无数竞相购买者，总能卖到最好的价格。

可见，眼光有多远，决定了你可以走多远。只有具备远见的人才能看清方向，把握商机。

当前，很多企业都被无情的淘汰了，一个很重要的原因就是因为管理者缺少思考未来的长远意识，只看到眼前的局限发展，没有考虑企业的长远发展，没有用进步的眼光、全球的眼光和时代的眼光来分析和思考问题，从而错失了一个又一个良机。

正如卡耐基所说："做生意要有远大的眼光，要配合时代的需要。只有这样，你才能成为一名称职的和优秀的商人。"要做到这一点，管理者就要经常思考未来，练就独特的战略眼光，善于高瞻远瞩，审时度势，从而运筹帷幄，在激烈的市场竞争中取得胜利。

其实，很多时候，长远利益与眼前利益是紧密联系的，二者既有一致性也有矛盾性。管理者在进行战略思维时要注意两个方面：一是要明确长远利益的价值，坚定对长远利益的追求，将长远利益与眼前利益有机地结合起来，既要着眼于长远利益，又要照顾到眼前利益，由眼前利益的获取促进长远利益的实现；二是当眼前利益与长远利益相矛盾时，要以战略家的眼光舍弃眼前利益，防止因眼前利益的诱惑而导致损害长远利益的短期行为，以保证战略思维的科学性和战略决策的正确性。

沉没成本效应——坚持，不是一条道跑到黑

➤ 不要为打翻的牛奶哭泣

科学实验室里，老师把一瓶牛奶放在桌子边上。同学们望着那瓶牛奶，不知道它和这堂生理卫生课有什么关系。

突然，老师站了起来，一巴掌把那牛奶瓶打碎在水槽里，同时大声说道："不要为打翻的牛奶而哭泣。"然后他叫所有的同学到水槽旁边，好好地看看那瓶被打翻的牛奶。

"好好地看一看，"他接着说下去，"我希望大家能一辈子记住这一课，这瓶牛奶已经没有了，你们可以看到它都漏光了，无论你怎么着急，怎么抱怨，都没有办法再救回一滴。只要先用一点思想，先加以预防，那瓶牛奶就可以保住。可是现在已经太迟了，我们现在所能做到的，只是把它忘掉，丢开这件事情，只注意下一件事。"

这个故事应该有很多人听说过，它其中除了蕴含对于认识人生有益的意义外，实际上也包含着一个经济学效应——"沉没成本"效应。

"沉没成本"，即已经发生或承诺、无法回收的成本支出，如因失误造成的不可收回的投资。如果进行理性的思考，人们应该能明白，沉没成本是一种历史成本，对现有决策而言是不可控成本，不会影响当前行为或未来决策。但大多数人却不能摆脱它带来的心理折磨，导致做出错误的决策。例如，人们会拒绝出售已

经遭受了损失的股票，而放弃其他更有机会的投资选择。这种现象就是"沉没成本"效应。

➤ 不是所有的坚持都有意义

在复杂的市场当中，投资决策的失误是难以避免的。但对于管理者来说，当发现过去的决策有很大缺陷的时候，往往会产生"鸡肋情结"——已投入的项目似乎食之无味，但又弃之不甘，陷入骑虎难下的两难境地，违心地"将错误进行到底"，并抱着侥幸的"扳本心理"试图挽回投资。

结果呢？不是所有的坚持都有意义。现实生活中，这种为了追回沉没成本而继续追加投资，导致最终损失更多的例子，比比皆是。

> 摩托罗拉公司的铱星项目就是沉没成本谬误的一个典型例子。摩托罗拉为铱星项目投入了大量的成本，后来发现该项目并不像当初想像的那样乐观。可是，公司的决策者一直觉得已经在该项目上投入了那么多，不应该半途而废，所以仍旧苦苦支撑。但是后来事实证明该项目是没有前途的。最后摩托罗拉公司只能忍痛接受了这个事实，彻底结束铱星项目，并为此损失了大量的人力、财力和物力。

我们常常被告知，成功的前提就是坚持。但这里所说的坚持是一种处于困境但坚持不懈地去追求，去实现梦想的精神，绝不是提倡在错误的道路上一条道跑到黑。因为一味固守的结果很可能会让你损失更大，那些渐行渐远及彻底失败就会产生巨大的不可挽回的损失，严重的甚至可以将一个企业推向倒闭的边缘。

但是，如何才能区别自己是在坚持不懈还是在一味固守呢？

其实，它们在过程上并无严格区别，都是对设定的目标坚持到底、孜孜以求，它们的区别在结果上。因此，企业在遭遇危机的时候最需的就是保持冷静的心态，正确对待危机，在险境、困境、逆境面前万不可糊涂乱来，草率从事，盲目冒进。如果方向正确，遇到的并不是致命问题，只是前进道路中暂时的困难，就一定要坚持下去，只要努力，总会找到柳暗花明又一村的时候；如果你的决策本来就是拍脑门决策，或是客观环境发生重大变化，或是遇到不可抗拒的危机压力，这时你已无力挽回，就应该壮士断腕，毅然结束。这时候的坚持就是固守，只能说是愚蠢，你必须明白的道理是：止损就是盈利！

▶▶ 如何避免沉没成本的干扰？

管理者要想避免将错就错，一错到底，就不要因为存在沉没成本而影响了你的理性决策。在管理工作中，为了有效规避"坚持到底却不能取胜"的胶着情形出现，防止产生沉没成本，管理者应该及时做好以下几个方面的事情：

第一，做好预防。

凡事预则立，不预则废。我们在做一件事之前，要进行周密的谋划，特别是一些重大项目的立案，不妨成立专案小组，或借助外部专业咨询机构专业能力。有了充分评估后的可行方案，才能有效预防失败发生，避免产生沉没成本。

第二，减小风险。

用"拿钱买教训""交学费"等观点来看待沉没成本是片面的。从减少沉没成本的角度来看，通过合资或契约，采用非市场的管理结构等，对减少沉没成本都是十分有利的。因为非市场的管理结构，能为交易提供更有效的保障，可以最大限度地减少投资风险；而在现代企业经营中，技术合作、策略或战略联盟，已经成为重要的趋势，其内在原因，就包含分散技术开发和市场拓展风险、减少沉没成本方面的考虑。

第三，莫存侥幸。

很多时候，即使我们发现过去的决策有很大缺陷，但侥幸心理和试图挽回投资的行动往往会让人陷入"当局者迷"的状态，所谓"不识庐山真面目，只缘身在此山中"。这时，管理者最好请局外人或专家站在第三人的客观公正立场上，重新评估决策方案。只要发现方案不值得继续下去，就要果断地叫停，尽快"停损"，避免造成的损失越来越大。

第四，勇敢正视。

其实，人们之所以会陷入沉没成本误区中难以自拔，一个很重要的原因就是不愿认输，不愿承认自己犯错误。在决策实践中，你应该采取如下措施来避开沉没成本陷阱：如果只是为了维护自尊，那么就应该勇敢地正面解决它；如果你担心他人不理解，那么，将这一可能也纳入你的决策过程，考虑好如何向他人解释你的新选择；如果担心你的下属在工作中存在沉没成本的问题，可以选择一个没有参与过前期决策的人来做新的决定。

总之，你要记住，不管在任何时期做任何决策，你仅仅需要考虑当前事情本身的成本和收益，至于以前和这件事情相关的成本，是不应该考虑在内的。因为不管"沉没"的是什么，又有多少，对未来而言，都已经没有意义。彻底放弃那些沉没的东西，才是最明智的选择，才是智慧的体现。

2 管理者的能力：会管人、会用人、会留人

权威效应——威信的效能大于权力的效能

➠ 蒸馏水的味道

权威效应，又被称为权威暗示效应。其实就是我们常说的"人微言轻、人贵言重"。是指一个人要是地位高，有威信，受人敬重，那他所说的话及所做的事就容易引起别人重视，并让他们相信其正确性。

美国心理学家们用一个实验证明了这一观点：

他们安排一位从外校请来的德语教师来给某大学心理学系的学生们讲课，并向学生介绍，说这位德语教师是从德国来的著名化学家。试验中这位"化学家"煞有其事地拿出了一个装有蒸馏水的瓶子，说这是他新发现的一种化学物质，有些气味，请在座的学生闻到气味时就举手，结果多数学生都举起了手。

本来没有气味的蒸馏水，之所以让多数学生都认为它有气味。原因就在于人们都有一种"安全心理"，即人们总认为权威人物的思想、行为和语言往往是正确的，服从他们会使自己有种

安全感，增加不会出错的"保险系数"。同时，人们还有一种"认可心理"，即人们总认为权威人物的要求往往和社会要求相一致，按照权威人物的要求去做，会得到各方面的认可。就这样，本来平凡的德语老师被冠上了"化学家"的头衔，所以他说这瓶蒸馏水有味那就肯定有味，于是大家都觉得有味了。

据此，一旦对方将你列为权威的代表时，那么你就等于有了掌控他人的有力工具。人们经常会发现，那些聪明的人驾驭他人的时候一定会巧妙地运用权威效应为自己服务。例如：商家为了获得顾客，在为一个产品做广告的时候，总会请一些知名及权威人物去做代言；在辩论会上，那些辩手们为了证明某种观点，总是会引用各种权威人物的话作为论据……

▶▶ 权力和威信并不是一回事

管理者与被管理者的区别就在于管理者在群体组织中处于组织、指挥、协调和控制的地位。被管理者必须为实现领导目标，按照管理者的决策和意图行事。管理者要凭借手中权力产生的控制力与影响力，对部属产生约束力量，正是这种力量才使部属有了发挥作用的保证。

然而，权力的获得，让许多管理者在极度权力欲望驱使下误入歧途——用权力代替权威来行使职责，主要表现在这些方面：

1. 管理者陷入对权力的迷恋，而产生自我膨胀。树立领导的权威是提高领导效能的必要条件，本无可厚非。但是当领导权威人格化，必然走向另一个极端，那就是对权威的顶礼膜拜，从信服到盲从，使群体决策成员丧失对事物独立判断、客观分析的立场而成为权威的附庸。

2. 权力需要占优势的管理者不愿授权给部属。他们喜欢做"保姆"型的领导，不善于激励下属发挥积极性和创造性，只擅长揽权，越俎代庖，凡事别人休想插手，议事也只走走过场，因而常引起部属的不满而与他们发生矛盾和冲突。这种行为发生在高层管理者身上的居多。

3. 还有一种权力需要的误区危害特别大，就是那种信奉"有权就有一切"，"有权不用过期作废"的权力至上主义者。他们将权力和利益挂起钩来，滥用职权，以权谋私，大搞权钱交易。这种人只是权力的奴隶和玷污者，最终只能滑入贪污腐败的泥淖，而不能自拔。

事实上，权力和权威并不是一回事。权力是既定的、外在的、带有强制性的；而权威则是一个领导者的影响力，既包括权力性影响力，也包括非权力性影响力，更多的来自下属的一种自觉倾向，是由领导者在被领导者心目中形成的形象与地位决定的。你可以强制下属承认你的权力，但却无法强制下属承认你的权威。而在管理工作中，威信的效能要远远大于权力的效能。

➡ 怎样才能树立起自己的领导权威？

从一定程度上讲，管理工作就是一个发挥自身威信而产生力量的工作，管理艺术就是不断提高自身威信的艺术。

管理者要想树立起自己的领导权威，首先，必然拥有强制性影响力，也就是权力性影响力。权力是构成一切正式组织的必要条件，既是一种控制力，又是一种影响力。正确理解并使用这个权力是管理者面临的永恒主题。

1. 对权力的制约。作为权力的必须行使人，你应该认识到，对权力的制约是不可少的。管理者的权力需要，可以用一个坐标图来表示：权力需要与管理绩效的关系是一个倒"U"形的曲线。当权力需要过高或过低时，管理绩效都很低；而当管理绩效最高时，权力需要正处于中等水平。因此，管理者在管理活动过程中，既要保持一定的权力需要，又不能使其无限制地膨胀。

2. 要善于授权。现实生活中，许多管理者喜欢做"保姆"型的管理，不愿授权给部属。他们不善于激励下属发挥积极性和创造性，只擅长揽权，越俎代庖，凡事别人休想插手，议事也只走走过场，因而常引起部属的不满而与他们发生矛盾和冲突。这种行为发生在高层管理者身上的居多。其实，管理者要善于授权、敢于授权，并在授权中将监督和指导结合起来，形成大权集中、小权分散的局面，这样才能更有效地发挥权力的作用。

3. 进行具体指导。管理者不能一味命令部属"要这样做"，更要使部属明确为什么"要这样做"，并且指导他们有效地去执行命令。总想利用自己的权势影响和控制他人的思想与行为，把自己的观点、意见强加于他人，并不择手段地把他人的观点压下去，是不能叫大家信服的。

4. 要具有无私精神。执法者客观上拥有行使权力的合法地位，但不能炫耀权力、滥用权力，甚至以权谋私、追求个人特权。如果这样做，部属也必然会产生种种对抗力，抵制权力，摆脱权力的反作用，从而削弱权力的效果。所以，执法者必须以身作则、罚不避亲、赏不避仇，这样才能取得运用合法权力的巨大效果。

其次，管理者的影响力还来自于非权力性影响力。它不是外界赋予的那种奖励和惩罚别人的手段，而是来自管理者个人的自身因素，其中包括管理者的道德品质、文化知识、工作才能和交往艺术等等。其实，这与员工群体接受影响的心理机制密不可分。这一心理机制，就是导致员工一致行动的模仿、暗示和认同。

1. 模仿。由于管理者本身所处的地位，他的品德、行为、处理问题的力法以及言谈举止和喜怒哀乐等情绪，都容易被员工自觉或不自觉地接受、模仿，那么，管理者就可以利用"模仿"这一心理机制，来发挥自己在员工中的影响作用。

2. 暗示。在管理活动中，管理者的一个恰当的暗示，能够直接沟通上下级之间的思想感情；一个赞许的目光，会使员工乐于受命，勇气倍增。管理者可以运用暗示的心理机制，把自己的意志和情绪，作为一种特殊信息传递给员工，从而充分发挥自己的影响力。

3. 认同。在群体活动中，大体上都有一种强烈的从感情上要将自己认同于另一个体，尤其是认同于管理者人格特质的心理趋向。也正是这种心理趋向，加强了群体或组织的整体性。高度的认同，还会使个体与对象休戚与共，荣辱相依。我们常说管理者要和下属打成一片，就是指管理者要具有一定的透明度，在感情上尽可能地接受下属员工，与员工要有共同的语言，以取得员工的认同。

霍桑效应——关注，是最有价值的管理成本

➤ 当一个人被关注后……

心理学家发现，一个人是否感觉受到尊重和关注，对他们的做事效率有着重要的影响。他们从美国西方电器公司霍桑工厂的一个装配电话中继器的大车间中，选出六名女工作为被试者，做了一个实验：

> 工厂让她们先在一个一般的车间里工作两星期（第一个时期），以提供一个正常生产率的标准。然后，再把她们从

车间安排到一个特殊的测量室。这里除了可以测量每个女工的生产情况外，其他条件都与主要装配车间相同。她们在这里工作的五个星期（第二个时期），工作条件没有发生变化。第三个时期，改变了对女工们支付工资的方法。以前，她们的薪金额决定于整个车间（一百个工人）的产量，现在只决定于她们六个人的产量。到第四个时期，在时间表上安排五分钟的工间休息——上午一次，下午一次。第五个时期，工间休息的时间增加到十分钟。第六个时期，建立了六个五分钟的休息时间制度。第七个时期，公司为工人们提供一顿简单的午餐。在随后的三个时期里，每天提前半小时下班。第十一个时期，建立了每周工作五天的制度。最后，到第十二个时期，原来的一切工作条件全都恢复，与女工们开始工作时的环境条件完全相同。

最后得出的结果是：不管条件怎样改变——增加或减少工间休息，延长或缩短工作日，每一个实验时期的生产率都比前一个时期要高，就是说，女工们的工作越来越努力，效率越来越高。

虽然这种结果可能是多方面的原因造成的，但心理学家认为，最主要的原因，应该是女工们感到她们是特殊人物，她们受到了格外好的待遇，她们在参加一项有趣的实验，期望进行例外的工作，引起了人们极大的注意，因而感到愉快自豪，愿意遵照实验者的要求去做。结果，她们的工作就越来越努力，可以说每一次工作条件的改变，都刺激了她们效率的提高。

也就是说，当一个人感到自己受到特殊的重视、信任和期待，他就会尽一切可能按人们所期望的去干好每一件事。在沟通中，我们也可以利用这一心理学规律，对他人予以心理暗示，让他们感到被尊重、被重视，从而更大程度地调动起自身学习、工作的积极性，发挥出更大的潜力。

➜ 记住每一个员工的名字

记住每一个员工的名字，就是对下属的一种无形的关注与尊重。

这是因为，芸芸众生，正是"名字"将你我他区分开来，它代表了每个人都是一个与众不同的个体。而人类最原始、最急切的需要之一，就是寻求、树立自身的重要性。我们重视自己的名字，在潜意识里，就是一种彰显个人价值的冲动。而当自己重视的东西也被他人所重视时，那种美妙的感觉是不言而喻的。

也许对管理者而言，没有直接工作关系的隔级下属会有很多，你们之间的接触不多，但如果你能记住并尽量主动地说出他们的名字，向他们打招呼和交谈，下属会觉得作为领导的你能够记住他们的名字，说明你在心里很在乎他们，有一种亲切感，有利与提高下属的工作进度和质量。

也许会有人说："我就是记性很差，老是记不住别人的姓名。"或是说："我的记忆力不好，因此人跟名字就是对不起来。"或者说："我太忙了，实在没有时间记住他们的名字。"其实都是借口而已。多数人不记得别人的名字，只因为不肯花必要的时间和精力。记人名就跟背英文单词一样，只要肯用心，下苦功，必有所成。

法国皇帝拿破仑三世——也是拿破仑的侄儿——曾经得意地对人说，即使他日理万机，仍然能够记得每一个他所认识的人。他的技巧非常简单。如果他没有清楚地听到对方的名字，就说："抱歉，我没有听清楚。"如果碰到一个不寻常的名字，他就说："怎么写？"在谈话当中，他会把那个人的名字重复说几次，试着在心中把它跟那个人的特征、表情和容貌联想在一起。如果对方是个重要的人物，拿破仑三世就要更进一步，一等到他旁边没有人，他就把那个人的名字写在一张纸上，仔细看看，聚精会神地深深记在他心里，然后把那张纸撕掉。这样做，他对那个名字就不只是有听觉的印象，还有视觉的印象了，记住它的可能性也就增大了。

▶▶ 为每份工作贴上"重要"标签

不管是受进取精神支配，还是虚荣心在作祟，人们从来都热衷于竞争，争取各种头衔这一点毫无疑问。因为头衔，从某种意义上来说就是在暗示人们：你所做的是个重要的事情，是能够得到承认和褒奖的，这就满足了人们要求被关注的欲望。

如果管理者可以在分派工作，尤其是一些不被看好的工作时，为其贴上一些显得很重要的标签，就可以促使他们觉得自己有价值、被尊重，就会积极主动、干劲十足。

有一所私立中学，在每年的结业旅行时，学校总要分一些事情给学生去做。但历年被选出的学生都没有兴趣，根本不想去做。有一年，学校把这些选出来的学生冠以"旅行委员"的头衔，结果所有学生都非常踊跃地抢着去做。

在另一所学校里，有一位小学老师刚刚任教时，班上有个性情十分消极的男生，几乎交不到朋友，成绩也节节下降。这位老师在改选班长的时候，故意任命他为班长。这个学生获得这项意外殊荣之后，几乎脱胎换骨，变得活泼积极，朋友也愈来愈多，成绩更是大有进步。

从这两个事例中我们都可以看到，事情的内容完全不变，但只是冠上了头衔结果就完全不同了。

一般说来，自尊心强者大都很有自信，并且无论在任何场合都认为自己与众不同，不愿和一般人混为一谈。如果你可以在不知不觉中使他意识到"为何不去烦劳别人，却偏要烦劳他"的原因——譬如简单的一句话"像这类的难题实非你莫属"，就能满足对方被重视、被尊重的心理，这样，他做起事来也必然会全力以赴。

雷尼尔效应——留住人心，才是王道

➤ 工作只是为了赚钱吗？

在解释这一定律之前，我们先来思考一个问题，工作是为了什么？

赚钱？

好像对，又好像不太对。因为雷尼尔效应就是一个反例。

当时，华盛顿大学校方准备在校园内某处修建一座体育馆。这本是一件好事，但却引起了教授们的强烈反对，最后校方只好取消了这项计划。

教授们为何如此反对呢？原来，选定的体育馆，位置恰在华盛顿湖畔。一旦建成，原本从教职工餐厅窗户可以欣赏到的美丽的湖光山色就会被挡住。要知道，与美国的平均工资水平相比，华盛顿大学教授们的工资要低20％左右，但他们之所以没有任何流动的意向，完全是出于留恋西雅图的湖光山色。（西雅图位于北太平洋东岸，在那里，华盛顿湖等大大小小的水域星罗棋布，天气晴朗时可以看到美洲最高的雪山之一——雷尼尔山峰。）

为了享受到湖光山色，而自愿接受较低的工资，这被华盛领大学的经济学教授们戏称为雷尼尔效应。

可以说，华盛顿大学教授的工资，80%是以货币形式支付的，而20%是由怡人的风光来支付的。

如果将这一效应运用到企业管理中，为员工提供"怡人的风光"，就可以吸引和留住更多的人才。当然，这里的"怡人的风光"指的是，除了物质报酬以外的心理报酬，包括良好的工作环境、企业文化氛围等。留住人心，才真正留住了人才。

➡ 硬环境：舒适放松

雷尼尔效应告诉我们，一个人在公司工作往往追求两个目的，一个是收入，另一个就是在里面工作感觉舒不舒服。如果让员工在感觉压抑的地方工作，每天都要忍受煎熬，既阻碍每个员工潜能的发挥，更会让他们想逃离。相反，如果管理者能营造一个和谐的工作氛围，不仅能让所有成员的才华都充分发挥出来，更能留住他们的心。

一个典型的案例就是谷歌（google），它素以为员工提供良好工作环境而著称。

　　隔音太空舱：如果工作累了，可在这个太空舱好好休息一会儿。该娱乐设施不但可隔音，而且能阻挡任何光线进入。

　　回到幼儿园：每层办公楼之间都安装了一个滑梯。除了娱乐功能外，还可供员工们在发生火灾时紧急撤离。

美味佳肴：在上班时间，google员工可随时到食堂就餐，食品种类也丰富多样。

工作地点：每位员工至少配备两台大屏幕显示器，平均每个办公室有4~6名员工。

技术创新：办公大楼随处可见白色书写板，目的是方便员工随时记下各种新创意。一位google产品经理对此表示："你坐在办公室时，灵感并不一定会来；或许就在你走动时，灵感就会如期而至。"在员工阅读室当中，摆满了各类书籍。

轻松一下：在很多办公区域，很容易找到台球、视频游戏等娱乐设施。

打个电话：办公楼每层都设立一个电话室。每台电话机都安装在经过装饰的小屋当中，以方便google员工处理私事。

技术支持：如果google员工电脑出了问题怎么办？没关系，把它搬到这儿来就行。在等待电脑修理过程中，你还可以喝上一杯饮料。

专业按摩：身心疲倦？这儿有专业按摩师在等着你。

谷歌领导者对于工作环境的这些精心设计，无疑能够让员工达到最大程度的放松和舒适，这样，员工怎能不发挥出自己最大的潜能呢？

▶ 软环境：和谐向上

组织氛围，不仅包括办公设施等硬环境，还包括企业文化等方面的软环境，甚至有时候后者比前者还要重要。如果一个公司推行固定薪酬制，员工每月拿着一成不变的工资；公司里充满恶性竞争和办公室斗争，同事间你争我夺，关系非常紧张；这种公司就算硬件设施再好，也会让人很压抑，很疲惫，没有一点激情。成功的公司会通过规章制度利企业文化来营造一个和谐的工作氛围，让员工觉得自由宽松，积极向上。

公平：要公平的工作环境对员工而言是非常重要的。因为有公平作为前提，员工才能安心做好自己的工作，踏实地为企业服务。公平体现在各个方面，绩效考核、晋升机会、竞聘上岗等都需要有公平的氛围。在公平的工作环境中，企业才不会有勾心斗角、暗箭伤人等事件发生。

自由：企业里的每一位员工不仅希望有公平的工作氛围，同时也希望有一个自由开放的工作环境。给予员工一定自由度，让员工有充分发挥能力的空间，给予员工充分的信任和授权，放手让员工自主完成任务，就能够使员工对工作充满热情。不过，前提一定是管理者在授权中将监督和指导结合起来，形成大权集中、小权分散的局面，这样才能更有效地发挥权力的作用。

尊重：员工只有受到了尊重，他们才会真正想到被重视，被激励，做事才会真正发自内心。国内外的一些优秀企业，将人才视为企业最珍贵的资源，充分尊重人才。例如，东芝的重担子主义就非常有名：要尊重人就应委以重任，谁拿得起一百斤，就交给谁一百二十斤的东西。东芝推行"重担子主义"和"适才适用"的用人路线，从而使企业繁荣昌盛，历久不衰。

真诚：管理者与部下及员工之间，彼此真诚相待是至关重要的，是工作开展的基本前提。有了真诚相待，互相信任也是很关键的。管理者信任员工，员工信任管理者，员工之间相互信任，进行融洽的沟通，员工相互之间了解工作中的相关信息，从而更好地改善工作。

总之，拥有良好的组织氛围是成功企业经久不衰的关键所在。令人愉快的企业氛围能形成强大的吸引力和凝聚力，不但可以留住人，更能留住人心。只有在气氛良好的企业中工作，才能顺心、舒心、有奔头，心甘情愿为其奉献青春，贡献力量。所以，作为管理者，一定要为企业营造一个良好的组织气氛，才能使各类人才得以充分发挥，使企业得到更大的发展。

③ 生意人的头脑：做那个笑到最后的人

巴菲特定律——在"热点"面前保持住冷静

➡ 巴菲特定律的启示

"在其他人都投资的地方去投资，你是不会发财的。"这就是巴菲特定律。它是有美国"股神"之称的巴菲特的至理名言，更是他多年投资生涯后的经验结晶。

从20世纪60年代以廉价收购了濒临破产的伯克希尔公司开始，巴菲特创造了一个又一个的投资神话。他从不靠感性投资，他崇尚的是真正的价值投资。作为投资人，他最大的特点是自律。当他的这套投资策略不适用于当时市场情况的时候，巴菲特并不会着急，他反而趁机休息一下，等待适当的机会。这是大部分投资人做不到的，他们容易在股价下跌时急于杀出。而巴菲特却非常执着于他的投资理论，若非完美的投球，他绝不挥棒。因此，当1971年代表美国证券市场整体行情的道琼斯指数创新高的时候，他竟然把资金全部抽出来，告诉投资人说他的策略已经不适用于当时的投资环境，与其改用另外一种他不熟悉的投资策略，还不如关门大吉，把钱退还给投资人。

毫无疑问的，巴菲特有时候会等上一两年也等不到一记完美的投球。可是，一旦投手投出完美的一球时，巴菲特会毫不犹豫地挥出球棒，将这颗球击到全垒打墙以外。例如：在那波持续了两年的狂飙的热潮中，许多人都赚了不少钱。但是，巴非持只是坐在一旁，不为所动，静静地等待他的机会。终于有一天，机会来了，市场崩盘，股价暴跌，投资者几乎人人惊慌失措。一时之间，华尔街像是在清仓大拍卖一样，许多股票都以极低的价格抛售。而这正是巴菲特所期待的完美投球，他开始上场打击，挥动他投资的巨棒，依照他完全以主营业务为考量的投资策略，买了好几家经营良好、产品又有特色的公司。其中最好的一笔交易大概就是买进《华盛顿邮报》的股票。

巴菲特定律最重要的启示，就是不要受别人左右，不要见异思迁。商场上还有这样的说法：同样的一桩生意，第一个做的是天才，第二个做的是庸才，第三个做的是蠢材，第四个做的就要破产了。由此可见跟随者的悲哀。现代社会充满着激烈而又残酷的竞争，无论是投资还是经营企业，我们都要善于找到自己的财富增长点，剑走偏锋，根据自己的特色做出敏锐的市场判断，"随大流""一窝蜂"是赚不到钱的。因此"巴菲特定律"才能取得如此疯狂的"响应"，无数创业者的成功，无不或明或暗地遵从着这个定律。

▶▶ 在项目选择上，冷静不盲目

对于投资项目的选择一定要慎重，不仅应该事先推确地判断该项目的投资价值，而且最好要到竞争对手少的地方去投资，不要盲目关注一哄而上的投资行业与项目。

以零售行业中的龙头老大——沃尔玛百货为例，沃尔顿的成功秘诀就是：他避开经济相对发达的地区和城市，而主要在美国南部和西南部的农村地区开设超级市场，并把发展的重点放在城市的外围，赌博式地等待城市向外的扩展。他这一有着长远眼光的发展战略，不但避开了创业之初与实力强劲的竞争对手的拼杀，而且独自开发了一个前景广阔的市场。实践证明，沃尔顿令人难以置信地成功了。

因此，我们必须要学会逆向思维，要逆潮流而动，挖掘从长远来看有很大发展潜力而当下还不流行的机会。只有走自己的路，才有望在竞争激烈的经济比赛中胜出。而且，对任何"热点"，我们都要持冷静态度，做好热门交易都极有可能迅速变"冷"的心理准备，迅速设立停损位，一旦热点变冷，接近停损位，立即出手。在我们进行一笔大交易之前要有耐心，花点时间进行大量的市场调查、实地考察和分析工作。抵制迅速达成交易的诱惑。然后，对于热点我们要关注长期利益，警惕那些基于"早进场，早得利"理念的交易。这种交易的高风险可谓名声在外。

➤ 在管理模式上，借鉴不模仿

对企业而言，成功是由很多因素综合而成的，成功的企业很多，但各有独到之处。

以美国西南航空公司为例：西南航空主营国内短途业务，由于每个航班的平均航程仅为一个半小时，因此西南航空只提供软饮料和花生米，这样既可以将非常昂贵的配餐服务费用还之于民，又能让每架飞机净增7到9个座位，每班少配备2名乘务员。在西南航空公司的大多数市场上，它的票价甚至比城市之间的长途汽车票价还要便宜，此举措被其他的航空公司称其为"地板缝里到处蔓延的蟑螂"。西南航空始终坚持"低成本营运和低票价竞争"的策略，在自己竞争对手不注重的地方下功夫，找到了属于自己的财富增长点。

可见，成功的企业必然具有不同的创造能力并取得独特的成功。成功是不能复制的，管理界不存在"独特的、新颖的、简单易行的和无害的"解决方案，这些方案告诉企业，他们可以不费吹灰之力获得成功。所谓的"××管理模式"仅应起到参考作用，对所面临问题切实有效的解决方案。别人的经验只能是借鉴或仅仅是看看，借鉴不等于模仿，更不是复制，如果你去模仿的话，那就好比抛开你自己，活本别人的阴影里。

无论是投资还是经营企业，我们都要善于找到自己的财富增长点。"随大流""一窝蜂"是赚不到钱的。我们要牢牢记住巴菲特的忠告：在其他人都投资的地方去投资，你是不会发财的。

➡ 在素质修炼上，耐心不冲动

一个人在为事业奋斗的过程中，耐心十分重要。从中关村小贩，到国内数码产品第一品牌的华旗当家人——冯军就是一个很好的证明。

他成功的每一步都与他的耐心分不开。创业初期，中关村里卖一台PC能赚一两万元，而水货CPU的利润也很高，但冯军没有涉足那些领域，而是一直坚持在做别人不屑于做的键盘和机箱的生意，虽然这些产品的利润很低，但是，冯军有自己的信念：有些原则，必须要坚守，只要坚持下去，华旗就能获得稳步发展。而最终的事实也证明，那些早年经营走私产品的公司，现在大多数已经烟消云散。而华旗却把利润小、不起眼的机箱和键盘生意做了二十几年。如今爱国者已经成为DIY市场一流的品牌，这时也再没有人会说机箱和键盘是小生意了。

一个成功的经营者，必须要具备这种素质。耐心可以让你远离蝇头小利，坚持长期战略。我们都知道，创业是非常难的事情，创业者每天的压力是常人难以承受的。在这种情况下，就好比一个人一直在黑暗中摸索，一旦发现一点亮光，就会很难抵御诱惑而不顾一切地去追逐，最终偏离了自己原有的目标。而事实却往往是，一个人的最初梦想和一家公司的最初战略，决定了这个人和这家公司所能到达的最终高度。

梦想可以修正，战略可以修改，但大的方向是很难改变的。如果你的梦想够远大、野心够大，同时条件也允许，那么就应该有耐心，应该远离小利，坚持长期战略。

非零和游戏原理——竞争不是打麻将，可以双赢

➡ "零和游戏"和"非零和游戏"

"非零和游戏"是相对"零和游戏"来说的。"零和游戏"也叫"零和博弈"，源于博弈论，是指在一项游戏中，参加者有输有赢，赢家所得正好是输家所失，总成绩永远为零，是谓"零和"。

这个理论认为，世界是一个封闭的系统，财富、资源、机遇都是有限的，个别人、个别地区和个别国家财富的增加必然意味着对其他人、其他地区和国家的掠夺，这是一个"邪恶进化论"式的弱肉强食的世界。

"零和游戏规则"越来越受到重视，因为人类社会中有许多与"零和游戏"像类似的局面。从个人到国家，从政治到经济，似乎无不验证了世界正是一个巨大的"零和游戏"场。胜利者的

光荣后面往往隐藏着失败者的辛酸和苦涩。

但是，随着自然环境和人文生态环境的同时恶化，"零和游戏"观念正逐渐被"非零和游戏"即"双赢"或"双输"观念所取代。人们开始认识到"利己"不一定要建立在"损人"的基础上。通过有效合作，皆大欢喜的结局是极有可能出现的。从"零和游戏"走向"双赢"，要求各方要有真诚合作的精神和勇气，在合作中不要要小聪明，不要总想占别人的小便宜，要遵守游戏规则，否则"双赢"的局面就不可能出现，最终吃亏的还是自己。

➡ 产品没问题，人品别掉价

在目前市场经济快速发展的今天，同行之间的竞争也日益激烈。于是，我们经常会听到诸如这样的论调："听说购买他家商品的人都反应他家的货不实在"，或者"他家的水果农药含量超标，最好别买他家的"，甚至还有"他家的食品含有防腐剂，都被查出过呢，千万别买，还是买我家的吧，我家可是拿了认证的"。

结果真的会像说这些人想的那样，能够给竞争对手以打击，从而赢得消费者的心吗？

实际上，恰恰相反，当消费者听到这样的话语时，往往会对商家的人品产生质疑。攻击竞争对手，这种损人不利己的行为不仅不会获得消费者的信任，反而可能将消费者拱手相让。

一名采购人员这样讲述了自己的一次经历：一次，他在市场上招标时，需要购入一大批包装箱。收到的两项投标中，一项来自曾与自己做过多次生意的公司，另一个来自一个陌生的公司。那个曾经做过不少次生意的公司的销售经理找上门来，询问他还有哪家公司投标。他告诉这名销售经理是哪个公司，没有告诉他其他信息。这名经理马上说那家公司太小了，根本无法按照要求发货，很有可能耽误供货时间，选择那家公司是很有风险的，等等。采购员听完这名销售人员的话后，明显感到了这名经理对于另一家公司的攻击，但是这番话反而引起了采购员对于那家小公司的兴趣，于是他去了那家公司进行考察。结果，这名采购员同那家小公司签订了订单。

恶意竞争，最终受到伤害的只能是自己。把别人的产品说得一无是处绝不会给自己的产品增加一点好处。希望每个在商场"奋战"的人都一定要明白这个道理。

其实，竞争的目的，从来不在于竞争本身，而在于进步。竞争对手，就好比是一面镜子，我们因对手的强大而有了变得更强大的必要和动力。如果是恶性竞争，我们就把这面镜子看成了哈哈镜、凸面镜，在扭曲了竞争对手的同时，也扭曲了自己。唯有在良性竞争中，我们才能在照见对方的闪光处时发现自己的不足，改善自己的问题，才能有机会取得长足的进步，在竞争中展现出自己的自信与勇气。

从这个角度上说，我们不妨将竞争对手从某个人变成某个统计数字，如营业利润、财富积累等，这是一个你要超越的数字。数字比人更具体、更简单，以数字为目标只会激起你的斗志，而不会滋长你的嫉妒。如果你不能在规模和分量上战胜他，那就在质量和用途上击败他吧，那也只是你所要超越的简单数字。

尊重对手，就是尊重自己；赞美对手，就是肯定自己。

➡ 竞争的最高境界——合作

但是，在商业社会，同行是冤家这句话一点没错。那么，除了与竞争对手"死嗑"，我们就不能有其他选择吗？

其实不然，美国政治家林肯给我们提供了一个很好的建议：消灭敌人最好的办法就是把竞争对手变成自己的朋友，那么我们或许真的能一劳永逸。

虽说商场如战场，但商场绝不是战场。特别是在经济全球化，市场竞争日趋向市场竞和转化的时代，一味将竞争对手视为敌人的企业经营者或品牌，无论如何都不可能在商场上获得长久的成功。

其实，竞争的最高境界应该是——合作。

在日本企业界，就有一种"竞合"关系的说法，即在企业间的竞争之中还要保持一种合作关系。

这就好比一家人在一个锅里盛饭吃，吃得快的人总是抢着吃，吃得慢的人总是吃不饱。这时候就会有多种选择。一种选择是吃得快的人放慢速度，让吃得慢的人多吃一点。在企业竞争中，这种办法显然行不通，是平均主义的做法，扼杀竞争精神。再有一种选择是吃得慢的人把锅砸烂。"如果我没饭吃，那么你也别想有饭吃。"这种选择的结果是大家都没饭吃。

其实，最好的选择应该是使锅里的饭多起来，使吃得慢的人加快速度。使锅里饭多起来需要大家共同努力，就好比竞争企业有责任把市场培养大一样，这是合作的关系，是大家共同利益所在；使吃得慢的人加快速度，这是竞争关系。因为不管锅里饭怎样增加，吃得慢的人依然吃得少。

比如汽车生产厂家，如果在零部件生产上能够合作，就能提高其规模效益，最终客户可以买到更为便宜的汽车。又如电子产品生产厂家，如果可以就某些行业标难达成一致，就可以便利消费者选择，形成行业、企业、客户三赢的局面。

对此，我们给出了以下几点建议：

第一，有钱大家赚。顾客在你手里没有买到想要的商品时，你能够把他介绍到自己的竞争对手那里去。

第二，助人就是助己。对手的经营发生危机时，你能向他伸出援助之手，不应该乘人之危，落井下石。

第三，利己但不损人。做宣传广告时，抬高自己但不要故意贬低对手。

第四，互相学习，共同发展。同行前来参观时，热情接待，任其观看、询问。

第五，和竞争对手保持融洽的关系。经常上门探访，交流各种经营和商品讯息。

如果你可以在头脑中建立起这样一个思维模式，那么，你的生意一定比对手兴旺。

总之，企业经营者要想维持一定幅度的价格和市场占有率，和竞争对手搏杀不是明智之举，反而应联合在一起，在价格、范围等方面达成一定的默契，才能共享其利，共存共荣，皆大欢喜。不争而争、不战而胜才是企业的至高境界。

达维多定律——无论什么年代，创新永远是法宝

➡ 达维多定律的概念

达维多夫定律是前苏联心理学家达维多夫提出的，他指出：没有创新精神的人永远都只能是一个执行者。

1995年，英特尔公司为了避开IBM公司的Power PC RISC系列

产品的挑战，英特尔公司副总裁达维多故意缩短了当时极其成功的486处理器的技术生命。1995年4月26日，许多新闻媒体都报道了英特尔公司牺牲486、支持奔腾586的战略。英特尔公司运用这一战略永远把握着市场的主动，走在竞争对手的前面，引导着市场。

在达维多看来，只有先入市场才能更容易获取较大的份额和较高的利润，一家企业要想在市场上总是占据主导地位，那么就要做到第一个开发出新产品，又第一个淘汰自己的老产品。人们把达维多的这种创新理论简称为"达维多定律"。

▶▶ 发明创造，每个人都可以

也许有人会说，创新是发明家、艺术家的事，与我们普通人、普通工作无关。其实不然。实际上我们每个人都有创新的能力。

我们之所以会认为创新很难，主要就在于我们总习惯于走别人走过的路，总认为走大多数人走过的路不会错："跟着别人走，就算不成功，也不会输得太惨。"这种"从众定式"的盲目性，再加上人类思维的惯性，让我们不愿或者根本就想不到去寻找更多的解决方案，自然会约束人的创新意识，事业也就不可能获得成功了。一位名人就曾说过这样一句话："构成我们学习最大障碍的是已知的东西不是未知的东西。"我们总是在某个范围内按照已知的规律进行判断和推理，结果很难有什么突破，这也正是大多数人只能碌碌无为的原因。

其实，创新说难也难，要说容易也容易。我们所习惯的思维方式就像一堵墙，坚持朝前走难免碰壁，但如果我们能转个方向，试着向旁边走几步，说不定就能做出别人意想不到的事，从而找到一条通往成功的捷径。

山上有个村子，村里的人以买石头为生，他们把石块砸成石子运到路边，卖给建房的人。有一个青年发现这里的石头是奇形怪状的，他认为卖重量不如卖造型，于是直接把石块运到码头，卖给杭州的花鸟商人。3年后，他成为村上第一个盖起瓦房的人。

后来，不许开山，只许种树，于是这儿成了果园。每到秋天，漫山遍野的鸭梨招来八方客商，他们把堆积如山的梨子成筐成筐地运往北京和上海，然后再发往韩国和日本。因为这儿的梨，汁浓肉脆，口味纯正无比。就在村上的人为鸭梨带来的小康日子欢呼雀跃时，那个青年却卖掉果树，开始种柳。因为他发现，来这儿的客商不愁挑不到好梨子，只愁买不到盛梨子的筐，5年后，他成为第一个在城里买房的人。

再后来，一条铁路从这儿贯穿南北，这儿的人上车后，可以北到北京，南抵九龙。小村对外开放，果农也由单一的卖果开始到谈论果品加工及市场开发。就在一些人开始集资办厂的时候，那个青年在他的地头砌了一墙3米高、百米长的墙。这垛墙面向铁路，背依翠柳，两旁是一望无际的万亩梨园。坐火车经过这儿的人，在欣赏盛开的梨花时，会突然看到四个大字：可口可乐。据说这是五百里山川中唯一一个广告，那墙墙的主人凭这墙墙，第一个走出了小村，因为他每年有4万元的额外收入。

可见，创新并不是一件高不可攀的事情。关键在于你要开动脑筋，打破思维的枷锁。这个青年总能想到别人想不到的事，大家卖石头卖的是重量，他却卖造型；村民一窝蜂去种果树，他却改种柳树；更不要说他利用围墙做广告的绝妙点子了。超越常规的思维令他永远走在人前，成为一个成功的人。

　　实际上，我们周围的一切，都有可能成为我们创新思维的对象。换句话说，创新的素材遍地都是，无论从事何种工作都可以通过创新获得成功。例如：日本有个家庭妇女，看见晒衣竿上粘有脏物，她就将塑料薄膜覆盖在晒衣竿上，并浇上热水。由于薄膜收缩，所以就牢牢地粘在晒衣竿上。这小小的创意，为她带来了100万日元的发明回报。

　　创新，就像一个哲人说的那样："你只要离开常走的大道，潜入森林，你就肯定会发现前所未有的东西。"同样的道理，只要你细心观察，勤于思考，不会凡事照搬他人的经验，或遇到困难与挫折时坐等"援兵"，那么，往往就会产生意想不到的效果，取得意想不到的成功。